成長體驗Debriefing

增訂版

鄧淑英、麥淑華 著

成長體驗Debriefing（增訂版）
作者／鄧淑英、麥淑華
策劃編輯／伍詠慈
責任編輯／余雅怡、劉燕雯
美術設計／陳詩韻
出版發行／突破出版社
香港沙田亞公角山路33號突破青年村
電話：2632 0000　傳真：2632 0388
電郵：breakthrough@breakthrough.org.hk
網址：http://www.breakthrough.org.hk
http://www.btproduct.com
承印／陽光（彩美）印刷有限公司
2006年7月初版1刷
2009年2月初版3刷
2015年10月2版1刷
2020年10月2版2刷

Debriefing: Making Sense of Experiences
by Tang Suk-ying, Jackie & Mak Shuk-wa
First Printing, First Edition, July 2006
Third Printing, First Edition, February 2009
First Printing, Second Edition, October 2015
Second Printing, Second Edition, October 2020

Printed in Hong Kong
ISBN 978-988-8246-85-4

誠邀閣下就突破出版社的書籍發表意見
歡迎加入突破書籍 Facebook page — http://www.facebook.com/btbooks.page
本書採用環保油墨印刷

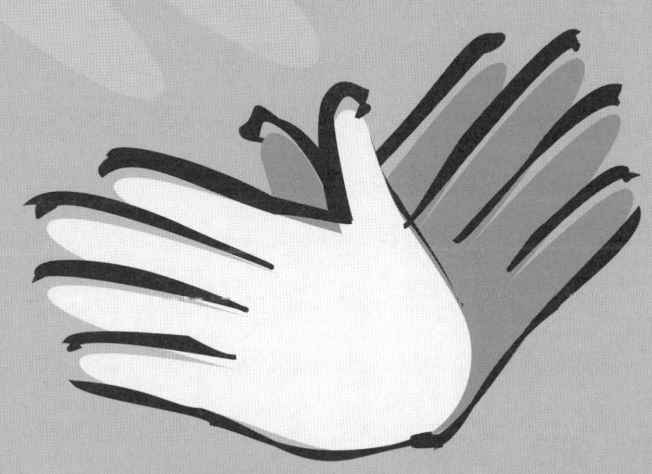

栽 培 新 一 代

年輕的心　驛動卻美麗

認識　貼近

關愛　同行

建造新一代更動人的生命

CONTENTS

目錄

第二部分　應用篇

推薦序

《成長體驗 Debriefing》這本書帶給我意外的驚喜和反思。

最初我以為這是一本為教師和社工撰寫的工具書，透過一些實用的解說工具和技巧，協助學生 / 學員在課堂或課外學習，又或是在訓練營中整理和深化學習的知識和經驗。

想不到的是，這本書為每個人都提供了整理自己生活的概念和工具，讓我們能夠在不同的場景中提升自省的能力、促進人際的溝通，真正實踐一個終身學習的人生。

這本書好像一副「解碼眼鏡」，讓我們能夠透視一些看似凌亂的生活體驗，或是學習經歷，對自我發現有實際的幫助。

這本書又好像一具「解碼器」，讓我們與人溝通時能夠更有系統、有條理地解釋一些共同的體驗，消除一些不必要的誤解，促進人際關係的建立。

兩位作者是資深的教師、社會工作者和青少年工作者，他們不單將本身的解說技巧和經驗整理結合；更珍貴的是他們將一些解說大師的理論框架、將一些心理學的理論架構仔細深思後，應用出來，讓這本書的理論基礎更加扎實，提升了解說的透視力和深度。

兩位作者都是我認識多年的朋友，在「突破」的青少年工作中，他們的投入、承擔和經驗，叫人佩服。我在不少營會中與他們並肩合作，他們對青少年的熱誠、教導的靈活、解説的深入，均深受青少年及導師歡迎。

這本書應用的領域意外地廣泛。我深信這本書一定受到教師、社會工作者的歡迎，據悉已經有些同業早已預先訂購了。我更誠意向有心經歷學習的人士推薦，並且向每個界別的培訓員推介這本難得的教育工具書。

我的最大心願，是這本書落在一些關心青少年的人士手中，為青少年的學習與成長帶來更多的空間和深度。

蔡元雲

突破機構創辦人

自序一

“Impression without expression leads to depression.”（深刻體驗未經適當表達和轉化將會引致鬱結。）—— Rick Warren

這句話由蔡元雲醫生引述，用以提醒 2005 年國際華人青年領袖訓練營的營友，也不斷在我內心徘徊。

為何我們要整理觸動的情緒，省察周遭發生的事對我們的意義？為何不讓這些觸動如流水般逝去？觸動，對個人或羣體有何關係？

曾子説：「吾日三省吾身」。事實上，觸動、深刻的體會並不會因時間而淡忘，每當遇到相近的情境時，我們未整理的思緒或情感會隨時向我們突襲，屆時要面對和處理，就需要更大的努力。

整理觸動的情緒，是為要化作成長的動力；解説成了幫助整理過程的催化劑。

近年在培訓中，我認識不少工作者均十分努力去應用解説的技巧。認知上，他們確知解説是重要的，但應用時卻帶來挫敗感！在一次督導經驗中，我看見一位活潑、爽朗和熱情的工作者，變成一個面容繃緊、説話低沉、動作僵硬的發問機器。在沉重壓力下的她，無力帶動組員自然地分享經驗。我給她鼓勵和具體建議，後來她漸漸令整個小組起死回生，活動完結時，組員們含淚擁着她説再見！其實，解説的秘訣，在於我們如何理解解說，和掌握應用的時機。

過往，我們對解說的認識也是很有限，主要集中於分享、繪畫、角色扮演及小組匯報等模式，以為這樣就可完成解說，卻未能扣連參加者的學習和反省。2000 年初，我和淑英一起參加了英國著名解說學家羅貴榮博士（Roger Greenaway）的解說技巧工作坊，開啟了我們的視野，是我們的一次轉捩點。其後，我們在自己的崗位上不斷探索、應用、分享、交流、接受培訓，又合作一起培訓其他工作者，以至一起做夢，想把累積了的經驗整理，製作解說技巧的培訓手冊。想不到，今天我們的夢想成真！

期盼本書能觸動各位讀者的心靈，啟動大家無限的創意和應用本書的解說項目時有更多的變化，足夠啟迪學員轉化成長歷程，使他們的生命得到最大的祝福！

我和淑英也盼望這本書能燃起你們的夢，把每個觸動你心的經驗記錄下來；不管是給予我們寶貴的意見，或應用上的回應和創新意念，都歡迎與我們分享（flycherry05@gmail.com）。但願我們的交流，可以豐富彼此的經驗，又可推動本地應用解說技巧，更可在不久將來把意見整理後再與大家分享。

麥淑華

自序二

真正接觸解說這課題，是從入職突破機構開始。入職前，我是一個普通的中學老師，熱衷的不止於課室裏的教學，也想將學生帶出課室，學習書本以外更多寶貴的知識和經驗。但活動過後，往往不懂處理和運用那些寶貴經驗，提升學習。入職「突破」以後，我與學員有很多經歷另類學習的機會，更覺解說的重要。但那時候，我只是隨心而發的去應用解說，沒有什麼技巧或心得可言。及後認識麥淑華（Cherry），一起參加了英國著名解說學家羅貴榮博士的解說技巧工作坊，於是一起探究「解說」這課題，開辦課程與青少年工作者分享。

與 Cherry 一起籌劃這本書的過程，心中很是興奮，因為我們都想向青少年工作者分享經驗。Cherry 是資深社工，所以她在寫作時多從社工的工作和需要出發。而我有多年的教學及培訓經驗，近年亦曾積極參與及編寫「成長的天空」發展課程的小學版教材，故此我較關心老師怎樣在教學過程中應用這些解說材料。

組稿時，正值通識教育討論得鬧哄哄，心中盼望透過解說這思維模式，可幫助老師與學生解構在通識教育教學過程中，把活動後很多羣體及社會上的寶貴經驗提升，將學習與現實生活扣連。因為解說不單是一種技巧，也是一種思維模式和做人態度。「解說人生」（debriefing life）幫助我們有系統地思考和整理日常的生活經驗，可更有效的訂定改善自己的方向；它可以挑戰我們自己的生活及人生，從經驗中回顧與學習，帶來更多的反思。

記得早年教學時，小息或放學後我有很多與學生傾談的時間，我想那些時間都是寶貴的時機，與學生解說他們日常的生活體驗。但現今的老師愈來愈繁忙，連平日與學生傾談的時間也沒有了，怎樣解說自己，再與學生進行解說呢？

著名教育心理學家 Parker Palmer 曾提醒我們：“To teach is to create a space in which the obedience to truth is practiced.” 我深深覺得，教育是個「生命工程」，要有空間將學習的知識和真理，加以體驗、深化和實踐，而解說則有助這個深化的過程。我期望有一天，老師教得更愉快，更有滿足感，有更多時間做有素質的教學工作。

鄧淑英

增訂版自序一

自從本書初版出版後，我一直積極投入於不同的「生命解説」工作者培訓工作，每次培訓後的回饋，均對我帶來重要的鼓勵！

來自參與前線朋友的回應，主要有三點：(1) 如何立即套用在他們的工作崗位；(2) 加點心思轉化便能改造成切合受眾需要的系列；(3) 使大家最雀躍的是見到工作者生命的火重燃，再次啟動起來。

作為著書者，有説不盡的感恩！在斷版的情況下，每次培訓工作完結時，參與者都渴望可以擁有一本回家細讀，這也是推動是次再版的緣由。

期盼本書的再版，不單是一本祝福年輕人生命的教育工具書；也能祝福各位青少年工作者的生命。在預備帶領受眾「生命解説」之先，工作者的生命也需不斷反省整理，以推動自我成長，使生命更有深度和內涵，有心有力帶動青少年成長。

麥淑華

28.8.2015

增訂版自序二

自 2006 年出版《成長體驗 Debriefing》，近年教育界及社福界，有不少政策在改變，這些改變都與通識教育，OLE（Other Learning Experiences），學習無疆界（School Without Wall）及至最近的生涯規劃（Career and Life Planning）有關，「改變」讓學生有豐富的課堂以外的學習經驗，喜見有些學校把書本的學習遷移到不同的環境及情境中，但是怎樣處理這麼大量的學習經驗呢？讓學生總結、深化，並且把寶貴的經驗應用在生活呢？如果沒有好好總結及反思，這些寶貴的經驗，就會流於純粹的一個活動，一些停留在表層的經驗，大大影響深層的學習效果。

因為工作的關係，近年把這本書的一些概念及活動帶到北京、上海及四川不同的地區，與當地的青少年工作者分享，他們都覺得新鮮，且非常認真的學習。內地近年大大發展「營地教育」及「拓展活動」，相信這本書也能幫助他們總結豐富的營會及拓展經驗，帶領青少年邁向美好的人生。

同時我們發現有些社工和老師都喜歡把《成長體驗 Debriefing》放在案頭作為工具書，隨時使用，以致這本書經常沽清。所以這一次再版，除了重新編排外，也加上〈第 3 章：解說工作者的特質與信念〉及〈第 12 章：解說個案〉。如果一個解說者同時留意個人特質，加上實際的個案解析，多方裝備自己，相信可以把解說帶領得更好。同時，為讓讀者能更掌握如何進行解說，後面列出幾個解說的個案，讓大家可以參考及討論。

相信只要大家的信念相同，活動可以按不同的情況變化、修改及創新，而其中不變的是我們都有一顆心，與青少年同行，通過有質素的解説陪伴他們成長。

我們寫這本書的願望，就是有更多的同路人，在青少年工作的路上繼續進步及成長。

祝福大家繼續：生命成長 Debriefing！

鄧淑英（Jackie）
（聯絡電郵：jackie.tsy@gmail.com）
28.8.2015

導言

解說是近年來很「潮」（流行）的詞彙，普遍使用於不同處境中，包括成長小組、領袖培育、學校的班主任課 / 成長課、職業培訓計劃、康樂營會活動、教會團契小組、情緒輔導小組、災難後輔導小組、工商機構培訓等等。應用原因並不單是因為潮流，而是各應用者相信解說的效益，可將空泛的知識扣連於生活場境，以提高各人學習的興趣，再作進一步探索，繼而學以致用。

具有如此的果效，各工作者應該樂此不疲應用解說吧。然而我們接觸前線工作者的時候，卻得到以下回應：

「解說很難掌握，怎樣帶領都不到題，參加者很快就扯開話題。」

「每次說不到兩句，大家就互不相讓，矛頭直指對方，最後令大家感到不是味兒而沉寂下來，氣氛尷尬，不知如何是好。」

「萬一牽涉到個人的情緒問題，我也不知怎麼辦，避得就避啦！」

社工遇到不少挫敗？

類似的情況，在工作者和參加者中也曾出現。一些不合宜的解說手法，確實觸發了一些不愉快的經驗，壓抑了參加者對學習的醒悟，甚至以行動抗拒參與。難怪一些前線工作者在應用解說時，常常感到為難，為免掉入挫敗的深淵而欲言又止，甚或是「封嘴」。

不少工作者確想知道：如何能打破以上的困局，有效將寶貴的學習或經驗沉澱、整理？如何能一擊即中進入正題？如何能抓緊機會將主題信息和學習重點傳遞給參加者？如何不停留於胡扯，而是把學習轉移到日常生活中，學以致用？

應用解説時，工作者要揭露個人或羣體層面的反應，就如站在高架橋上等候接受「笨豬跳」挑戰那種一躍而下的心情，要有很大的勇氣和準備。因為解説過程牽涉到每位參與者（工作者和學員）流露其信念和價值觀，參加者不一定準備好開放自己，故此整個過程真的不是胡扯就可激發成長的。

教師如何掌握技巧？

值得一提的是，教育局（2007 年 7 月前稱教育統籌局）自 2004 年推出新學制諮詢文件以來，通識教育科成了教育界的焦點討論。即使有些教育工作者認為這對教學形式帶來一個契機，可鼓勵學生多角度研習討論，但討論時怎樣才能避免「吹水」呢？當討論議題觸及不同的價值取向時，教師應如何講解下去？討論以後，教師又應如何處理那些跨科學習經驗，成為具有教育意義的體悟呢？

此外，教育局一直極力提倡全方位學習，鼓勵學生運用更多的學習空間，經驗課本以外的知識、待人態度和處世技巧。於是，部分學校把職業相關的經驗（例如籌辦年宵攤位），滲入不同的課程中。我們觀乎這類課外活動，例如過往社會福利署及教育局大力推行的「成長的天空」計劃，及各個非政府機構與學校之合作計劃，教師往往只作帶隊及支援等角色。我們雖然明白教師的主要職責是在課堂中教學，但隨着課外學習場景的增加，教師除了從旁協助各項行政安排外，會否考慮運用解説技巧，引導學生把這些跨科學習的活動經驗深化為具有教育意義的體驗（making sense of experiences），增加學生對自己人生路向的探索層次呢？

我們相信，**教師是學生在成長期中接觸時間（contact time）最多的人，老師若能掌握解説的理念和技巧，既可讓學生在實際生活中應用課堂的知識，也能在施行情意教育或輔導學生時做得更好。**

六項選取主題

我們看見青少年工作者的需要，也深信解説技巧對整理學習經驗的重要意義，**故此整本書的結構，會針對青少年導師、社工和教師的實際場景出發，在助人成長和人格教育課題之中，特別選取了六個較為重要的主題，來展示解説技巧的應用方法，期盼協助青少年工作者帶領具有教育意義的體驗活動。**選取的六個主題可分為以下三個範疇：

學習重點	個人內在質素（價值與態度）	人際關係及技巧	訂立未來成長方向
選取主題	1. 自我發現 2. 領袖素質	3. 團隊建立 4. 有效溝通	5. 難題解決 6. 目標訂定
成長向度	過去	現在	未來
成長過程	重尋生命本質與意義（Being）	建立與羣體之歸屬感（Belonging）	邁向成長方向（Becoming）

一・個人內在素質

學習重點在於整理青少年的「過去」。自我的概念是透過家庭、學校及大大小小不同的處境，逐漸累積而成為「今天的我」。故此我們選擇「自我發現」（第 6 章）和建立「領袖素質」（第 7 章）的體驗及解説項目，協助青少年重尋生命的本質和意義，建立個人的價值信念與態度。明白自己、發展潛能，都是成長必經的歷程之一。

二・人際關係及技巧

學習重點在於整理青少年的「現在」。人是羣體的動物，沒有一個人能離開羣體而獨自生活。羣體的歸屬感是建立個人自尊的重要元素之一。我們相信透過「團隊建立」（第 8 章）及「有效溝通」（第 9 章）的體驗，可讓青少年明白自己與別人的溝通模式，有助他們學習與羣體相處，建立歸屬感。

三・訂立未來成長方向

學習重點在於探索青少年自己的「未來」。未來是未見之事，但青少年藉不斷評估自己的能力，調校及訂定長遠目標。故此我們藉着「難題解決」（第 10 章）及「目標達成」（第 11 章）的體驗，協助青少年辨別個人的能力，逐步邁向更美的成長目標和方向。我們相信這是青少年創路成長的階段，要從不斷的學習及體驗中，為自己的人生訂立未來的成長方向。

工作者引導青少年整理學習經驗前，最好能全盤掌握以上各主題的信息，否則解説時就會事倍功半了。我們在本書的第二部分，將逐一闡明應用方法。

本書的編排

本書分為兩部分。第一部分為基礎篇，先澄清工作者對解說的各種迷思，再介紹解說的基礎理念——經驗學習法，亦特意分享解說技巧在課堂內外應用的意義。

我們明白教師在過往的師資培訓中，缺乏帶領活動、經驗學習法和解說技巧等訓練。另一個很實際的問題，是現時教師的工作量及壓力大大超出水平，對一些盡責的教師來說更甚。我們沒能力提供答案，只期盼各位老師教得愉快，學生有興趣學習。我們認識的老師，有很多也表示不介意辛勞，只介意勞苦背後是否有意義。一位與學生一同經歷、一同把經驗化作成長機會的老師，可能使教學更具感染力。

故此，文中提及的「參加者」或「學員」也包括正規課程上的每一位學生；「工作者」或「導師」則包括在課堂上的老師。

我們在本書第二部分將詳細介紹上述的六個選題，每章的編排均包括以下各項元素：

1. **主題概覽**——有關主題的含意、要素和方向。
2. **問心一句**——既然解說目標是培育生命，我們就得提出問題，刺激工作者思考，究竟這個主題怎樣結合於他們的生命和價值信念中。
3. **受教時刻**——顧名思義，受教時刻（teachable moment）並不是遊戲介紹，而是藉着每項活動提升至反思及學習層次，包括：

- **重點發問**：列舉主題的重點發問方向，引導參加者集中表達主題。
- **工具整合**：列舉十個不同的解說工具。工作者可按參加者的情況而選擇合適的工具，把他們的體驗提升至最理想的學習層次。每個列舉的工具內均包括使用目的、運用步驟、整理經驗時提問的方向，以及可供學校場景應用之建議，讓初嘗解說技巧的工作者易於使用。

  由於內容因時日變遷，世事隨之改變，有些資料已不合時宜和找不到源頭，為使大家能有效應用，我們將部分的工具修改，並修訂了「整理經驗」的提問，將「4F」流程的結合，重新整理提問句子，期盼讓各工作者更容易掌握發問的「4F」基準和融匯應用。

4. **經驗回顧** —— 工作者本身也是一位參與者，每個主題對我們自己都有獨特的信息。經驗回顧提供一個操練的機會，把自己對該個主題的反省及整理經驗記錄下來，這亦有助於引領參加者反思與學習時，能自如地應用解說技巧。

誠然，每一個主題內所介紹的解說工具，並非只限於在該主題下應用，工作者可按個人的專長及創意，將不同的工具交替演變。我們相信，你們必能拼湊出一幅既美麗又全面的圖畫。

第一部分

基礎篇

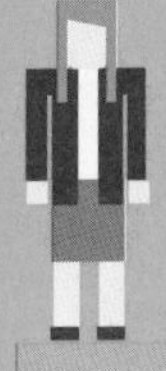

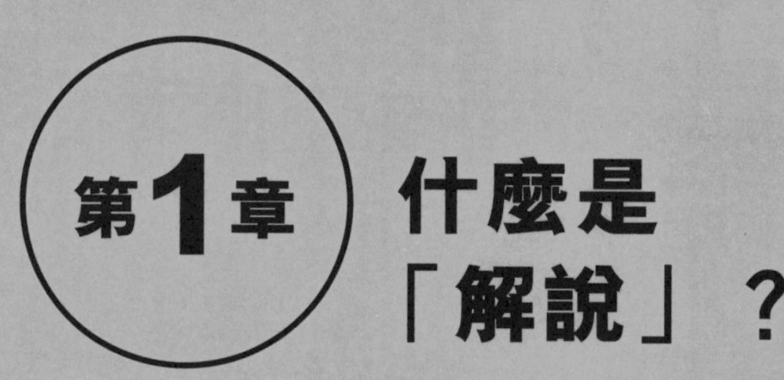

第1章 什麼是「解說」？

DEBRIEFING

在一次培訓戶外工作者的體驗營中，各參加者在營會第二個晚上要往野外獨處四小時。完成了四小時的「個人獨處」項目後，工作人員依時前往接他們回營。當時，其中一組參加者已自行圍在一起閒聊。工作人員數點人數時，發現少了兩個人。我們詢問後，參加者不以為然的說，兩人走到指定範圍以外的溪澗洗澡去了。結果，全體成員要待那兩位參加者歸隊，才能返回營地。

這羣參加者都是自費參加這次進修活動，理應屬於積極而目標清晰的人，但眼前卻是一羣態度輕率的參加者，使我深感愕然，不禁臉色一沉，說話也嚴肅起來。各參加者辨識到我的反應，亦安靜了下來。

假設你就是當天的我，你會即時調校參加者的嬉戲狀態嗎？

當時我並沒有責備他們，或要求他們解釋。在返回營地途中，我亦只讓各人繼續安靜。回到營地後，各人一起吃早餐，瞬間就把先前所發生的事擱在一旁，又開始閒聊了。

假設你就是當時的我，你會如何把當下的經驗調校為一次具有意義的學習機會呢？

或者你會問：為何一定要把經驗調校為具有意義的學習機會呢？

不「解說」不行嗎？

其實每一個經驗都具有重要的意義，每一個經驗都能塑造我們的生命；若要在生命中迎接每個挑戰，使生命變得豐盛、邁向成長的話，重訪這些經驗就十分重要。唯有清除經驗中的障礙，認識另有選擇的路徑，我們才可超越營營役役的生活狀態（doing），而作一個有情有義的人（being）。

因此我們把經驗調校為一次具有意義的學習機會，其實就是給自己一個喘息的空間，用一個新的角度重整經驗，重新理解和學習整幅生命圖畫，這就是一個解說的過程。人生旅程都需要解說。

當天我吃早餐時，深感那是一次值得解說的機會，即邀請大家分享獨處的過程、怎麼會從獨處而走在一起閒聊、各人對這個集體決定的看法和感受、破壞遊戲規則與自己慣常面對問題的反應有哪些關連性，又思考個人信念與行動取向之間的界線，對於我的嚴肅反應引發了哪些反省，以及他們在未來面對同樣的參加者時會如何處理等等。

不知不覺間，那次深入的對話花了四個多小時，各人從初期的防衛和卸責的本能中漸漸解封，誠實面對自己。訓練營完結時，他們說最大的收穫就是那環節。他們從沒想過一個隨意的決定竟蘊藏着性格和價值取向特質，最重要的是有機會重新發現和認識自己，故極為寶貴。後來這個小組的成員至今仍保持聯繫，因為他們珍惜當天彼此的真情對話，也啟發了他們面對未來的態度。

五個要解說的理由

1. **賦予意義，推動前進** —— 引導參加者正面分享經驗，提升及肯定每個經驗對生活所帶來的意義，可激勵參加者繼續前行。

2. **解除疑慮，開拓視野** —— 分享自己的經驗時，可重新檢視自己；聆聽他人分享時，可有新角度發現自己。參加者之間的交流，可提供更多不同的片段來拼湊整幅圖畫，澄清誤解與疑慮，豐富了對人對事的視野。

3. **檢視目標，發展技能** —— 幫助參加者檢視所達成的目標，從而獲得鼓勵和肯定；參加者回顧體驗歷程時，可增強觀察和自省的能力；表達個人意見時，亦可鍛煉其表達和聆聽能力，促進個人溝通技巧。

4. **表達關顧，激勵學習** —— 引導參加者聆聽及回應他人分享，彼此間辨識到自己是受尊重的，這些經驗是有意義的、受重視的，可激勵他們成為更好的學習者。

5. **互相支持，改善關係** —— 不論體驗成功與否，他人表達的肯定和支持可建立互信的支持系統，讓參加者可安心分享，從而對人建立信任，改善人際關係和建立友情。

你我每天也在「解説」？

其實，解説不止於進行活動時使用，日常生活的環節裏也會不時出現，只是我們並未察覺而已。你可曾遇過以下情境：

- 活動 / 項目完成後舉行檢討會；
- 老闆每年考慮加薪前的評估；
- 學生收到考試成績表後，調整未來一年的讀書策略；
- 慘劇或災難發生後，臨牀心理學家 / 教育心理學家 / 社工 / 輔導員紓解情緒受困擾人士；
- 比賽完結後，運動員觀看錄影帶，討論各人之表現，計劃如何迎戰下一場比賽；
- 廚師做菜試味後，調校味道及配搭；
- 不斷調配傢俱位置，使家居環境更舒適；
- 從新的辦公地點回家，嘗試找出一條最簡短的路程。

以上某些情境，也許需要專業人士協助解説，但一般而言都是我們日常生活的片段；無論你是否接受過解説訓練，生活裏都試過解説。

事實上，**我們在人生旅途上不斷自我解説，定時省察自己的境況，計劃未來，清理內心鬱結，肯定成就，繼而再上路，這是每一位願意不斷成長的朋友必經之路。**你還記得自己曾經歷過以下片段嗎？

- 年幼時的「家家酒」角色扮演遊戲；
- 讀小學時交週記功課；
- 中學期間定時繳交閱讀報告；
- 寫網誌；
- 旅遊 / 重大慶祝後，設立網上平台，整理和上載相片及影片；
- 出席任何的檢討會議；
- 繳交工作檢討報告、機構年報；
- 感恩祈禱會等等。

如此說來，我們是否在任何情況下都要解說呢？其實不然。若出現以下情況，我們可以暫時不用解說：

- 過程中沒有值得整理的經驗；
- 羣體內欠缺互相信任的氣氛；
- 參加者身、心、靈的狀態疲憊不堪；
- 另有緊急或更重要的事件需要先行回應。

東拉西扯就是「解說」？

現時在社區中心、學校、工商機構、教會、營舍或戶外場地等進行的任何活動，隨時可聽到解說。以下的說話就是進行解說了嗎？

- 「活動後，大家坐下來談一談吧。」
- 「請聽導師講……」
- 「好了，接下來是主題信息時間……」
- 「小組時間開始喇！」
- 「請分享一下，你在過程中學到些什麼。」

美國著名的歷奇輔導工作者 Dr. Michael Gass 在其著作中指出，解說是活動程序的基石，若沒有合適的解說，該經驗只停留為一項活動或遊戲而已，若工作者能恰當應用解說的話，則可幫助參加者有效整理體驗，令參加者重新發現自己，繼而調校自己在日常生活的表達[註1]。若能達到如期的果效，解說技巧的確重要。

解說（Debriefing）一詞是外地引入的詞彙，描述幫助參加者整理體驗，可說是從「實踐中學習」（Learning by doing）的歷程，主要幫助個人或羣體善用每一個體驗為學習的機會，不管是平日的生活、工作、休閒活動或特別的體驗，皆可達到學習的目標和成長。

在華人社會中似乎沒有「Debriefing」這個相同意義的詞彙，但翻查詞典時卻發現很多相關的詞彙，如：「省」、「反省」、「內省」、「吾日三省吾身」、「發人深省」等等；也發現解說的足迹存留於詩詞、文學作品、山水畫或石刻中，記述了當下的事件、意境和重要人物，故此解說在我們中國文化中亦是舉足輕重。

整理書稿時，我們搜集了不少與解說相近的詞彙。由於本書集中展示在個人成長和人格教育方面如何運用解說技巧，我們就以羅貴榮博士（Roger Greenaway）曾把三個關連的詞彙——反映（Reflection）、處理（Processing）、解說（Debriefing）——融合而發展出的一套解說技巧，作為解說的基礎理念，並在下一章中詳加闡釋。現先介紹羅貴榮博士演繹的解說技巧所包含的三種角度：

一．反映（Reflection）

反映像一面鏡子，人照鏡子時可把自己的樣貌映照出來。以反映來整理經驗，就是省察體驗中所呈現的資訊，先從體驗中抽取和辨別值得學習的地方。

二．處理（Processing）

處理是將反映而來的影像，進一步整理和總結有關的概念，即是把先前抽取出來值得學習的部分賦予意義，把值得學習的部分延續下去，成為累積經驗，轉化為我們生命的一部分。

三．解説（Debriefing）

透過發問，以協助參加者解釋、説明有關的學習和經驗。在不同界別中，解説是最常應用的，特別是發生災難事故之後，受害者需要透過有素質的引導來紓解震撼情感。另外，在工商機構公佈業績報告，並隨即召開未來一年的工作策略會議上，也十分普遍。

我們將以上三種角度結合在一起，統稱為解説。應用時，工作者可以按處境的需要，發揮解説的獨特之處。

註 1：Priest, S., & Gass, Michael A.（1999）. *Effective Leadership in Adventure Programming*. U.S.A.: Human Kinetics Publishers.

CONCEPT

「解說」的主要概念

在展示如何解説前，大家先掌握一些基本概念，以便進行解説時更得心應手。

解説是經驗學習法（Experiential Learning）的重要環節。經驗學習法可説是從「實踐中學習」、邊做邊學的意思，有別於傳統的教學方法，學習者並不是觀察者般單單聽人講授。經驗學習法對於青少年來説，是一個較佳的學習方式。

經驗學習法

過往我們討論經驗學習法的時候，常常看到外國文獻引述："Tell me and I will forget. Show me and I will remember. Involve me and I will understand."。原來《荀子．儒效篇》也曾説過類似的話：「不聞不若聞之，聞之不若見之，見之不若知之，知之不若行之，學至於行而止矣。」

先哲們早已主張，有效的學習是從經驗而來的。直至被喻為經驗學習法之父——杜威（John Dewey）加以整理這種學習模式，即倡議："Experience plus reflection equals learning."（經驗＋反省＝學習）。

杜威這句精簡的説話，道出了先哲們的理念，重申經驗整理的重要性。後來，高大衛（David A. Kolb）承接了前人的理念，建構出著名的經驗學習法理論（見圖 2.1）。整個經驗學習法理論包括了四個過程：具體經驗（Concrete Experience）、觀察反省（Observation and Reflection）、總結經驗（Forming Abstract Concepts）及實踐應用（Testing in New Situations）。[註 1]

圖 2.1 高大衛的經驗學習法理論

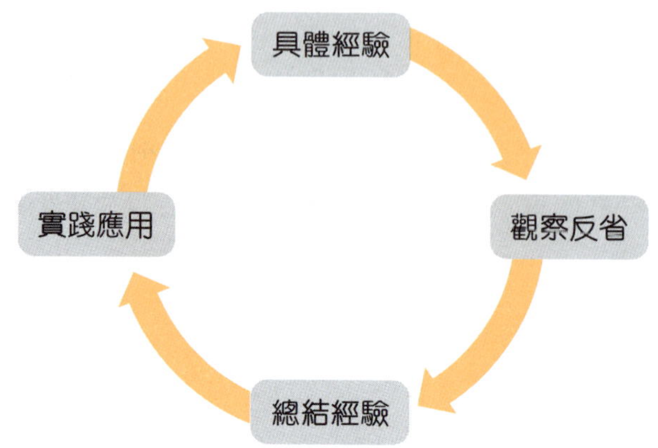

資料來源：李德誠、麥淑華（2005），《整全的歷奇輔導》（第二版）。香港：突破出版社。頁 87。

圖文說明：經驗學習法理論

1. **具體經驗** —— 我們的日常生活跟很多人和事交織，有些是我們親身參與的，有些是我們耳聞目睹的。我們在這些關注、觸動的事情中，產生很多不同的經驗。即使工作者訂下活動場景和目標，但過程中因着參加者的背景、能力、人際互動狀態等，所產生的經驗和效果，將會千變萬化。

2. **觀察反省** —— 主要綜合和整理從經驗引發的感官、思想、情緒、行為及意圖方面所呈現的資料和信息。

3. **總結經驗** —— 參加者反省該次經驗對本身的啟發和意義後，必須以相關的理論、觀念來引導思考和分析，總結是次經驗。

4. **實踐應用** —— 藉一連串問題（如：這些發現對我將來有何不同？有其他選擇實踐的方向嗎？有何改變的途徑？）來引導參加者把具體經驗和新的啟發轉化，成為與個人有關係的、有意義的學習信息，並從實踐而驗證它的真確性。

經驗學習法強調學習取向，所有學習以經驗作為起點，透過觀察和反省，深入處理和轉化該次經驗，成為與個人有關係和意義的學習信息，繼而從實踐來驗證它的真確性，這亦成了另一個新的經驗，引往另一次的經驗學習法循環（圖 2.2）。

圖 2.2 經驗學習法循環

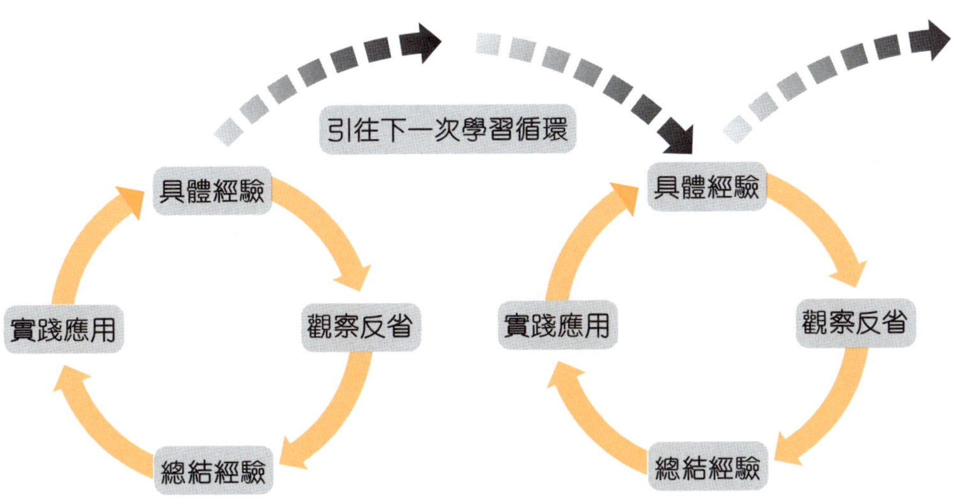

參考資料：Beard, Colin, & Wilson, John P.（2002）. The Power of Experiential Learning: A handbook for trainers and educators. U. K.: Kogan Page Ltd.

這個學習循環跟解說的程序十分吻合，可作為解說概念的思考大綱，而解說亦成了經驗學習法的重要環節。然而，解說並不單在活動中應用。試問人生中每天均有無數的經驗發生於我們身上，**若我們省察每個經驗，加以整理，將可成為一種認識自己、迎接未來的能量，而這個學習循環就像旋轉陀螺不斷前進，以致我們的學習和經驗可以不斷延展。**

高大衛曾補充，這個學習循環不一定要從經驗開始，而是循序進行，可按參加者的狀態，於任何一個環節開始。只是，在我們近年的培訓經驗裏，不慣於執行解說的工作者，確實較難掌握高大衛的經驗學習法循環理念，故此我們選取了羅貴榮博士的「動感回顧循環」（Active Reviewing Cycle）作為解說的主要理念基礎。

動感回顧循環

上一章曾提及，羅貴榮博士曾把三個關連的詞彙——反映、處理、解說——融合而發展為一套解說技巧。羅貴榮博士是國際知名的解說技巧培訓顧問[註2]，**他把經驗學習法融合為「動感回顧循環」的解說技巧，歸納出四個「F」環節（見圖 2.3）：Facts（事實）、Feelings（感受）、Findings（發現）、Future（將來）。**

圖 2.3 羅貴榮的動感回顧循環

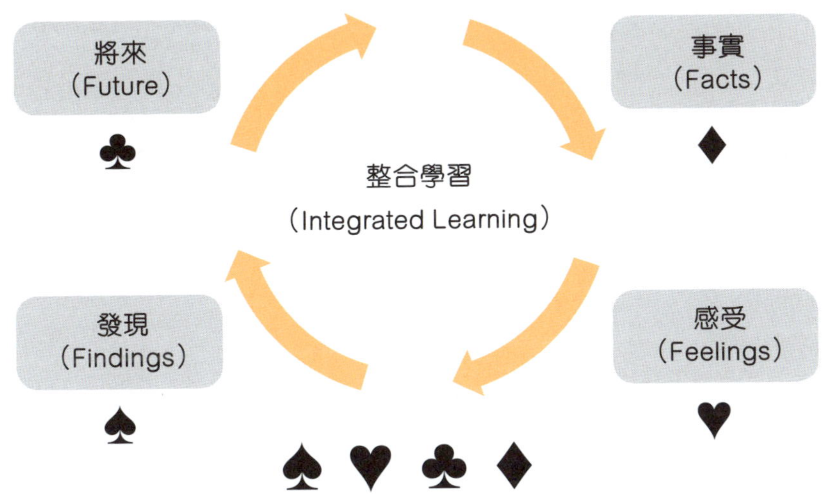

參考資料：Roger Greenaway
網址 http://reviewing.co.uk/learning-cycle/index.htm

圖文說明：4F 回顧循環理念

事實 ♦ —— 以鑽石的堅硬和多折射面來比喻事實，因具體經驗本身是不容置疑的，若從不同角度去看則有不同的看法和觀察。在這環節中，參加者只需透過五官觀察，就能描述發生的事件和經驗，暫時毋須多作解釋。

感受 ♥ —— 以紅心代表由心而發的感覺或情緒，表達在具體經驗的過程中所有的情感觸動處。在這環節中，參加者要超越一些表面、外觀的描述，集中檢視個人內心的感受及情緒反應。

發現 ♠ —— 葵扇的形狀像一個鏟子，對尋寶的人來說，這工具是用來翻泥土掘寶藏的。在這環節中，葵扇象徵我們要竭力尋索自己的內心，並要總結經驗中對個人與羣體帶來的意義和價值（making sense of experiences）。

將來 ♣ —— 梅花是多瓣的，代表我們的未來有很多選擇和可能性。這環節專注於怎樣把發現和獲得的經驗，轉化和應用於未來的生活中。

「4F」之特色

- 通常在「事實」及「感受」開始解說，因為這些環節較易觀察和展現整理活動歷程；
- 「發現」及「將來」環節是有關現今的發現及未來的應用；
- 工作者亦可從任何一個「F」開始，關鍵的考慮因素是從參加者一個最為觸動的「F」開始；
- 「4F」不是單次使用的進程，而是循環使用，這將有助參加者沉澱經驗。

近年在我們的培訓經驗裏，對於不慣於使用或初學解說技巧的工作者來說，**「4F」提供了一個精簡的藍圖，展現了一個有系統的漸進流程，適合大部分參加者從較不切身的事實開始描述，也避免了他們的分享打岔或離題，故此工作者協助參加者整理經驗時較易掌握。**

以下為一個運用「4F」的例子，以提問方式幫助學生深化經驗。導師在解說過程中應儘量多聆聽，多正面鼓勵及表達支持。

處境：一班中學生在籌辦班會 BBQ 旅行的過程中，因種種原因以致遺失了金錢，最後搞不成 BBQ。同學很失望，但大家都深覺上了寶貴的一課。

◆ 事實（Fact）

- BBQ 的款項是如何遺失的？
- 誰人曾經接觸過這筆款項？
- 遺失這筆款項時，有哪些人牽涉在其中？你擔任了什麼角色？
- 大家做了什麼補救行動？
- 哪些說話令你印象最深刻？
- 遺失這筆款項後，你觀察到其他人有什麼反應？

♥ 感受（Feeling）

- 遺失這筆 BBQ 款項後，令大家期待的聯歡活動告吹，你現在的心情怎樣？
- 負責管理 BBQ 款項的同學，感受如何？
- 遺失這筆款項後，哪段時間最不開心？

- 有哪些説話令你覺得最難受？
- 有沒有人的感受被忽略了？

♠ 發現（Finding）

- 在遺失 BBQ 款項的整件事上，你認為大家有什麼新的學習和體會？
- 從同學分工合作的處事模式中，你發現自己屬於哪類人？
- 處理遺失 BBQ 款項的過程中，誰是你最欣賞的？誰令你最感厭煩的？為什麼？
- 在這件事上，你對整個羣體有何評價？

♣ 將來（Future）

- 若再重新籌劃 BBQ 活動，你的處理方法會有何不同？
- 遺失 BBQ 款項這件事，對你將來待人處事有何影響？
- 經過這件事，你覺得全班同學在哪方面要改善？

每當你進行解説時，最重要的是「人到心到」，深入體會參加者的處境，靈活運用「4F」。我想，最高境界是「手中無劍，心中有劍」，即你已揮灑自如地應用解説技巧，按青少年的狀態，於任何一環節入手。

註 1：Priest, S., Gass, Michael A. & Gillis, L.（2000）. *The Essential Elements of Facilitation*. U.S.A.: Kendall / Hunt Publishing Company. pp. 88-89.

註 2：羅貴榮博士曾任教師多年，致力培育青少年人格教育，後來擔任英國愛丁堡獎勵計劃（香港現稱為「青少年獎勵計劃」）研究工作多年。他的解說技巧變化萬千，其豐富的經驗和著作在業內產生了重要的影響。他亦樂於與人分享，有興趣的話可瀏覽他的網址：http://reviewing.co.uk/_site.htm。

BELIEF

解說工作者的特質與信念

這一次的增訂版，筆者特意加上這部分，是給解說工作者的「心法」。很多青少年工作者，都用了很多時間做活動的設計，希望把整個活動帶領得有聲有色，卻沒有把解說做好，白白浪費了很多寶貴的學習機會。就算有機會解說，可能也不懂怎樣處理一些場面，或不知道怎與學生解說，但相信我們若具備這些特質，青少年會被感動，感受到你是一個有心的工作者；隨着時間的磨練及工作者不斷的學習，技巧一定會有所提升。

如果解說者留意一下個人的特質，準備自己，相信可以帶領得更好，讓參加者感受他的熱情，在過程中看見更多學習的重點；遇到困難時，無懼挑戰，常常創新，用新的方法帶領不同需要的受眾。有自我察覺及態度開放的去帶領小組，這也是一個示範，引領青少年更多分享自己。

解說工作者個人素質

一．全心投入，懷着熱誠

我們在帶領活動時，既重視活動，同時重視人，也需要重視當中的過程。在帶領活動過程中：簡介（Briefing），帶領（Leading），解說（Debriefing）都需要全情投入的運用「五到」，才可以全心投入，懷着熱情去解說。

眼到	觀察學員的表情及狀態，隨時對活動有所調整。
口到	用合適的語言、語速帶領小組解說及鼓勵學員互動分享。
耳到	聆聽學員在小組中及外的分享，也聆聽他們的弦外之音。
手到	在活動中積極參與，但也需要在適當時「放手」，讓學員更多的參與。
心到	以心去感受學員「沒有說出來」的需要，嘗試去明白理解。

二．重視過程，重視努力

老師及社工屬於助人行業，但很多時候帶領活動時，都會掙扎最要緊的是「活動」抑或是「人的需要」，還有要把握「過程」，抑或「結果」。其實兩者都有着互動關係，促進學員成長。有的時候，活動結果「成功」，但過程很勉強，大家都敷衍了事，成功了也不見得光彩。這是「失敗」的成功，事後大家都感到不是味兒。但在另一個情況，活動最後的結果是「失敗」，過程很辛苦，但因為大家的努力，最後心中很愉快，團隊共同感覺收穫很多。我們可以稱這是「成功」的失敗，大家雖然在活動中失敗了，但贏得艱苦中友誼，深刻的經歷，大家心中深感滿足。帶領解說者要在解說過程中，對這過程及學員的努力表達肯定。

三．自我覺察，察人察組

觀察小組解說有三個向度：觀察組員個人需要，觀察小組的過程，及自己內心的察覺。前兩部分，常常會同時及比較容易進行，但對自己內心的察覺，則比較容易忽略。作為一個帶領解說的工作者，要勇於察覺自己對發生事情的情緒反應，內心的期待及渴求（詳細見頁 90-91 自覺輪的介紹）。那麼我們便沒有那麼混亂及迷茫，起碼意識到問題是源於自己、組員，還是活動本身，也可能三個因素都具備。

例如：學員表達沉悶，沒有興趣，你可能覺得自己很失敗，同時發現為了滿足他們的需要，自己有討好組員的傾向。經過自己內心的察覺後，不再討好組員，反而調整活動的方法，讓他們覺得更有趣味。

這種自我察覺及常常反思是每一個帶領小組的工作者都需要擁有的質素，對自己內心狀況極其敏銳，才能及時、隨時修正自己的思想及行為。

四．態度開放，放下防衛

帶領小組解說時，都會面對學員「突然而來」的回應。**工作者需要持開放態度，同樣也需要有勇氣面對自己。勇氣是願意冒着自尊受傷的危險，同時也能承認自己的錯誤及不完美。**

例子：經過大半天辛苦準備活動的導師問組員：「大家對今天的活動有何感受啊？好玩嗎？」

學員 1：「無感受啊！」

學員 2：「不知道你講什麼！」

這時候，工作者不要動怒（雖然可能很傷心），但同時需要放下防衞，活動好像對他們來說不太吸引……也可能他們不懂表達。

「謝謝你們的意見，可能有些同學暫時不想分享，同時我又看見一些同學在活動中堅持。我想問 xxx，你當時是怎樣堅持下來的？有沒有想過放棄嗎？最後小組做了什麼讓你堅持下來呢？」

當你放下防衞以開放態度對話，信任就慢慢建立起來了。

五．無懼面對，受教時刻

在解說過程中，往往有意料不到的，突然出現的「受教時刻」。這是很好的解說時機，工作者應該有勇氣把相關事情提出來，讓大家一起面對。舉個例子：六個小組完成了一個運球活動，其中一個小組連贏幾次，但是組員好像不太開心，也有一些組員埋怨其他組員。後來導師知道原來有人犯規，按規則是應該重新進行活動，但趁着導師沒有看見，他把球撿起來。導師最後鼓起勇氣，讓學員各自表達他們的心聲。最後他們全組願意把分數取消，承擔後果，最後全場的其他小組知道了，都鼓掌表達欣賞。作為解說工作者，如果沒有這份勇氣，很容易將這事輕輕帶過，也白白錯過了一個好好解說及讓學員成長的時機。

六．創意工具，鼓勵探索

一個喜歡解說的工作者，需要在解說過程存好奇心，看見不同的東西時，觸發靈感，加以運用，幫助學員更有趣、更清楚去解說。

在平常生活中，可以收集一些圖片或明信片來說說感受；可以收集不同小瓶，在整理活動後，讓大家以這些小瓶表達對不同組員的優點。或以不同貼紙來表達狀況及感受，不同的貝殼代表不同的組員。

除了收集不同的物品外，4F 其實還有另一個 F：（Free）即自由、創意，及一些非常規的方法。例如：帶領一次親子的活動時，我鼓勵他們表達這活動有沒有增進他們家庭的關係。我沒有什麼物資，於是邀請坐在草地上的他們，脱了鞋子，以中間的距離來代表他們在活動中增進關係的程度；大家很開心的脱鞋，放在適當的位置，然後大家都接着分享……創意背後，當然是鼓勵他們更多的自我探索。

一個好的小組帶領者，相信也會是一個有質素解說者。他們與一個有素質的輔導員同樣需要具備一致（Congruence）、真誠（Genuineness）、無條件尊重（Unconditional Positive Regard）和同理心（Empathy）等[註 1]。這些素質不是短時期學習得到，需要你生命的閱歷、反思及頓悟。**一個很願意幫助別人解說的人，相信同樣是一位很願意對自己人生解說、反思及覺察的人，並且在當中頓悟人生的各種訊息。**

對青少年的信念

一．青少年都有獨特的價值

每一個人都是獨一無二的，沒有人可以取代。各人的性格、興趣、能力及學習方法都有不同，**進行解說的時候，我們也需要相信而且運用不同的方法引領不同的人，並按着他們的性格，作適當的調整。**

二．青少年都有可待發展的潛質

年輕人有很大的發展潛力，可能現在他們不願意分享，也不願意參與活動或成長。但我們仍相信他們還是有可待發展的潛質，一些可以連他自己還未確定的潛質在裏面，需要**我們與他們一起慢慢去發掘出來。**

三．青少年都有自我反思的能力

青少年有時好像什麼也不願意去想，但有時卻落入沉思中。我們觀察到，有時成年人要求他們想的東西，他們不願意去想，也可能暫時沒有興趣去想，而不是他們「不懂得」去想。**我們相信青年人的思考是活躍的，我們的挑戰是怎樣去陪伴他們，引導他們想多一點，想深一點。**

四．青少年都有理解及解決自己問題的能力

青少年面對問題，總有一套理解及解決問題的方法，**很多時候，是我們「成年人」不願意放手，讓他們去處理及相信他們的能力。**雖然在這跌跌碰碰的過程中，或許我們對他們有些懷疑，但我們不也是曾經這樣「失敗」嗎？只是當時有人給我們機會，讓我們在跌跌碰碰中成長而已。

五．青少年都有不同的學習方法

學習方式有很多種，有人喜歡看文字，用邏輯思維去學習（視覺，visual）；有人喜歡用耳朵去聽，去享受，吸收及了解（聽覺，auditory）；也有人用手去觸摸，親身去體會感受（觸覺，kinesthetic）。**我們在帶領解說時，也需要儘量涵蓋不同領域的學習方式，讓不同學習方式的青年人都可以樂在其中，得以表達及發揮。**

六．青少年都有多元智能

多元智能一詞是由美國心理學家 Howard Gardner 在 1983 年出版的書籍 *Frames of Mind* 中正式提出。Gardner 認為智能是一個複雜而且多面向的現象，他已發展九種多元智能：分別是「音樂智能」、「肢體運作智能」、「邏輯數學智能」、「語言智能」、「空間智能」、「人際智能」、「內省智能」、「自然探索者智能」及「存在智能」。**設計解說分享活動時，如果考慮他們不同智能，加以配搭，效果一定更理想。**

七．青少年基本上都願意成長

青少年真的有這傾向嗎？看過一幅圖畫，一根小草要突破泥土，往上生長，連一塊大石頭都推開，可以看見成長力量有多大。**我們需要有這個確信，相信他們有這傾向，他們可能只是暫時受限制，不知道用什麼方法突破成長的掙扎，他們需要是多一點認同感，多一點支持。**

八．只要有安全的環境，青少年都會自發地成長

當遇上很多面對困惑的青少年時，我們都會懷疑，他們真的希望成長嗎？實際上，我們很感慨青少年成長的路上，實在太多的障礙，例如：家庭、自我形象、社會機會、別人評價，以致他看起來，像「不願意」成長的樣子。**當他們突破了這些障礙，他們便會一步一步成長。**

九．關愛、讚賞能助人成長

上一代很多時都在責備、批評中成長，做的對，做的好是合理的，做得不對，就被責備了。一個有愛，有讚賞的地方，人才可能有安全感，脫下防衛，真誠相對。**工作者需要先跨越自己的成長障礙，學習多讚賞，多肯定，讓青少年在一個有安全感的地方，去分享及解構自己的成長藍圖。**

十．生命影響生命

是什麼觸發我們的生命改變？**價值教育理念提出：「心動，力變，事成」。一個人受另一個人的生命感動，心中帶來觸動、激動，進而延展很多的沉澱反思。**在鼓勵的文化下，他們的能力會慢慢增強，那麼，要完成的事，或是需要改變的一些不理想行為，才可能一步一步改變。

註 1：個人中心治療（Person-Centered Therapy）是由羅吉斯所創立的一個心理治療取向。它強調人的正面成長和發展，並且非常着重治療師本身的態度如一致（Congruence）、真誠（Genuineness）、無條件尊重（Unconditional Positive Regard）和同理心（Empathy）等，而非治療的技巧。

OPPORTUNITY

如何抓緊「解說」時機？

若要把握解說的機會，工作者必須堅守「SPACE」的原則。這包括：足夠空間（Space）、正面取向（Positive Orientation）、專注聆聽（Attentive Listening）、尊重抉擇（Choice）及鼓勵交流（Exchange）。

打開心窗

一．足夠空間（Space）

1. 評估參加者身心狀態，避免在過於疲累、精神散渙、情緒不穩等狀態進行。
2. 進行時間要適中，切忌急趕或過於冗長。若真的需要延長時間，要先知會參加者。
3. 留意地點安排，如室內 / 戶外的氣溫、光線、聲浪等要適中，佈置與座位安排舒適，不受騷擾，沒有障礙物。
4. 進行前必須先建立信任氣氛，留意保護參加者的身心靈安全。
5. 必須以平均參與為目標，為較內向的參加者提供參與空間。

二．正面取向（Positive Orientation）

1. 分享時要言詞中肯，不容許攻擊性說話。
2. 以欣賞為解說的取向，禁止任何嘲諷說話。

3. 觀察與評論時要真誠無偽，態度開放接納。

4. 禁止任何形式的暴力。

三・專注聆聽（Attentive Listening）

1. 尊重發言者，每次只容許一個人説話，其他人保持安靜。若要發言，先讓發言者説完，才可精簡回應。

2. 留意發言者的聲調要適中，確保每一位參加者清楚聽到。

3. 工作者須專注聆聽，給予發言者非言語的回應。

四・尊重抉擇（Choice）

1. 容許參加者有權選擇是否發言。

2. 尊重參加者選擇分享內容的多少或深淺度，切忌強迫參加者毫無隱瞞地和盤托出。

3. 獲得當事人的允許才進一步談及有關的議題。

五・鼓勵交流（Exchange）

1. 每個人都有發言的機會，切忌一言堂。

2. 澄清各人的角色和責任，鼓勵聆聽者給予發言者意見和回應。

3. 交流的核心是參加者，並非工作者。

4. 容許不同觀點，目標是彼此支援和鼓勵，並不是解決問題。

如何避免「吹水」？

由於參加者並不習慣在人前流露個人看法或感受，每當解說進行期間，參加者容易迴避分享而閒談或胡扯。**故此，工作者進行解說時必須有向度，引導參加者進入有關的主題。**

我們要清楚策劃解說的主線，並留意參加者在過程中曾出現的觸動時刻，也要不斷從過程中評估資料（如參加者的身心靈狀態等），抓緊配合解說向度的時機，工作者才能有效把體驗轉化為具有意義的學習機會，讓參加者有所獲益。以下是有關進行人格教育及成長要素時的解說向度和注意事項：

一．開宗明義

活動開始前已跟參加者訂定常規，以及簡單示範，讓參加者掌握解說是過程中的一部分，需要他們開放和願意分享自己的看法和感受。活動期間，工作者可不時作一些簡短的解說，使參加者開始熟習整理和表達經驗，當一些重要時刻需總結體驗時，他們已有足夠的經驗和資料進行。

二．持守目標

工作者要時刻留神，不要讓參加者的分享離題，或是被自己感興趣的話題扯開。**因此，在解說時工作者必須對焦，不斷評估所整理的經驗是否與目標相關連。**若參加者已離題，不妨提醒他們，重申主題和焦點。

三．與情境配合

要注意的是，情境能否融合程序的目標，並且是否能配合參加者此時此刻的需要？此時此刻的經驗對參加者是否重要？每位參加者能否運用上一項目的經驗而緊接下一環節的進程？如：參加者剛學習到作為領袖的技巧，配合學以致用，整理環節便要集中於如何實踐領袖的風格、態度、步驟和注意點子。這些資料工作者必須優先考慮。

四．與現實相符

若體驗與真實生活相符，便成為一種參照，可免除模擬情境製造出來的虛構學習或發現。例如參加者在野外露宿，學習到如何面對黑暗和恐懼，當他面對現實中的困難而出現的恐懼時，便能參照露宿的經驗，勇於面對困難。

五．全人發展

選擇解說的焦點向度時，注意能否配合參加者多元智能的發展，包括：語文智能、邏輯數學智能、空間智能、音樂智能、肢體動覺智能、人際智能、內省智能、自然觀察智能等。這方面的資料可參考 Horward Gardner 提出的多元智能[註1]。另外，**工作者亦應儘量在解說過程中啟發參加者之六感，包括：視覺、聽覺、味覺、嗅覺、觸覺、直覺，以增強對周遭事情的敏感度及創意的聯想。**

六 · 建設性

工作者示範如何具體描述各人的建設性行為或態度，如當事人的團體合作精神、領袖才能、真誠態度等等，可讓各人有可參考的詞彙描述自己或他人。工作者在解說過程中若能堅守「SPACE」的原則，可幫助化解羣體間的敵意、挑剔及隔閡，建立參加者欣賞自己並繼續發展自己的素質。若過程中出現非建設性或傷害性的分享時，工作者要立即制止，以保護每一位參加者。

七 · 預留整理經驗空間

解說過程是個沉澱整理的時刻，故此**工作者必須預留充裕的時間和空間**，帶領時也要靈活調節，切勿急於求成，否則就難以抓住「受教時刻」，把參加者寶貴的經驗付諸流水。

八 · 善用參加者的能力 / 資源

一位善於以繪畫表達自己的參加者，可運用自己獨特的能力 / 資源來整理經驗，同時也可刺激及豐富其他參加者的想像力。故此，**工作者必須協助參加者善用自己的專長來整理經驗，擴闊探索的向度。**

解說 Dos & Don'ts

你可快速檢查自己是否清楚解說的原則和注意事項：

圖 4.1 解說 Dos & Don'ts

Dos（多做無妨）	Don'ts（少做為妙）
• 組員是焦點	• 工作者是焦點
• 工作者少說話，多給組員分享	• 工作者不斷說教
• 讓組員自己說話	• 為組員代言
• 表達具創意	• 因循 / 規格化 / 要求標準答案
• 解說不斷進行	• 只在完結時才進行
• 表達正面	• 表達負面
• 安全環境與氣氛	• 不安穩環境和氣氛
• 要完成的項目切合組員的能力	• 要完成的項目超過組員的能力
• 讓組員自行選擇分享	• 勉強組員分享
• 保護私隱	• 泄露私隱

註 1：Gardner, Howard（1993）. *Frames of Mind: The theory of multiple intelligences.* U.S.A.: Basic Books.

EXPERIENCE

如何把寶貴經驗化成學習成果？

常稱，學校是個容易展現優勝劣敗的地方。雖然學校網頁或宣傳單張中聲稱鼓勵學生五育並存，但大部分的決定因素只落在學業成績方面，而且最終多只看結果，誰真正考慮當中的學習過程、學生付出多少的努力和獲得多少進步？不達標，就是不達標。

教育過程 VS 學習結果

我曾任職教師十多年，在學校任教「正規課程」的科目，見過不少付出努力仍未能達標的學生。後來加入突破機構，雖已離開教育界，卻深覺自己仍擔任教育工作，只不過負責的是「非正規課程」而已。在非正規課程中，重視的是活動過程，並非結果；要學習的，是一些重要的價值觀念和態度，是實現全人發展的目標。即使簡單如是否完成活動、是否達到預期的目標，都蘊藏很多「學習要點」，只要透過不同的解說技巧，活動背後的信息就可像剝洋蔥似的逐層剝落。

學生若在體驗活動中遇到挫敗（不能完成活動），卻從失敗經驗中學到「功課」，那就是一個「受教時刻」；當學生在過程中更認識自己，學到怎樣與人配搭，怎樣堅持完成任務，他們在人生旅程上即取得「小成功」了。若學生在不同階段、不同範圍內均累積起這些小成功，其生命將充滿成就感，步向人生不同的冒險歷程時將更有力、更有信心。

可惜，青少年在學校的正規課程中較少機會得到這種成就感。若教師能運用解說技巧幫助學生在非正規課程中延展更多的學習要點，累積成就感，青少年將更有毅力去面對未來的挑戰。

但是，校園內真的有運用解說技巧的機會嗎？

學習要點隨時出現

在學生時代，我已深信課本知識之外的世界還有很多豐富的、可以更深體驗生活的學習空間。但在我多年的教學生涯中，卻花了很多時間去備課。這固然是必須的，但我發覺一些學習困難的學生，在社交及情緒上的困擾往往影響了他們的學習能力。而我身為老師，亦未有足夠的訓練和信心去處理這些問題；即或在課堂以外嘗試捕捉學習要點，也缺乏深刻的體驗。

現在回想起來，學習要點確實隨時會出現。**當年我若能把握時機，捕捉到每個受教時刻，把學生豐富而深刻的經驗延展為個人素質、價值和態度的學習要點，相信「教」的和「學」的都能經歷更有意義的成長機會。**有一次正因為我不懂處理，部分學生積壓了很多不快的感受，對羣體有很多猜疑，整班學生的氣氛也僵住了。

那一次，是我在早期任教的學校，舉辦一年一度的班際歌唱比賽的體驗。當時我任教的那班中二學生大多想參加，只有小部分同學不合羣，時常鬧着不練歌，每次練習都遲到，開始令到班內一些同學不滿。經過多次練習、由班會主席帶領之下，竟然意外入圍決賽，全班士氣大增，班會主席更鼓勵全體用心挑戰決賽；不過那小撮同學仍不合作，常常缺席練歌。經過我的提醒和勸戒，那一小撮同學勉強出現了，但表現消極，令部分同學很不高興，常出言揶揄那一小撮人。最後的比賽結果，我班以幾分之差輸了，大部分同學都很泄氣，有些更哭了起來。

作為他們的老師，我的感受也十分混亂，只因自己未有這方面的經驗，也沒有足夠能力、信心和勇氣去處理這個場面，大家亦不知該說些什麼。站在他們面前，我除了安慰說「不要緊，盡力便是了！」之外，已不懂該怎樣處理他們複雜混亂的情緒。後來沒有人再談論，這事便不了了之！

當年的情況就如一句説話："Impression without expression leads to depression."（深刻體驗未經適當表達和轉化將會引致鬱結。）若能時光倒流，我所學會的解説技巧怎樣可派上用場呢？我會怎樣運用「4F」，把挫敗經歷轉化為抗逆力的學習要點呢？

如何處理複雜思緒？

我想出幾個不同的方法，去處理那班中二學生的複雜情緒，把泄氣的經驗引往累積「小成功」的「受教時刻」。例如：

- 告訴同學這是一個很寶貴的學習經驗，鼓勵他們在週記中寫下對整個活動的感受、體會和學習；
- 用一課班主任課，重溫歌唱比賽的一些片段，然後邀請同學分享感受；
- 先讚賞他們曾付出的努力和認真的表現，鼓勵他們分享對這件事的正面和負面感受；
- 運用「心情指數」的方法（參頁 93），標記他們比賽前和比賽時不同的心情變化；
- 以一些引導問題，幫助同學反思整件事對他們個人及羣體的衝擊；
- 鼓勵他們將感受寫在「4F」解説紙中。

「4F」解說紙題目

♦ 事實（Facts）

- 歌唱比賽的整體過程中，誰付出最多時間？誰做了些令你感動或憤怒的事？
- 整項活動籌備了多少時間？練習了多少次？
- 哪次練習是全體出現？哪次最少人出現？
- 誰說了哪些話令人愉快、憤怒、憂愁、驚喜？

♥ 感受（Feelings）

- 練習過程中曾出現什麼感受？
- 哪些感受最為強烈？
- 有沒有些人的感受被忽略了？
- 你最不想哪些感受出現？為什麼？

♠ 發現（Findings）

- 你對自己在羣體中的整體表現有何評價？
- 你是個願意與羣體合作的人嗎？

- 你對今次決賽落敗有何體會？
- 你對班中同學有何發現 / 體會？
- 同學中哪些表現是你欣賞的？
- 哪些行為是你最不想出現的？
- 你在羣體中有什麼角色？是領導者 / 附和者 / 反對者 / 獨裁者 /「騎牆」者？

♣ 將來（Future）

- 經過今次活動的經驗，你在日後與人合作時，會有哪些不同的處理方法？
- 未來，你在羣體中最想扮演哪個角色？
- 若整項活動重頭來一次，你預計將有什麼不同情況出現呢？

把經驗延展為學習材料

學校從來都是充滿不同經驗的地方。儘管很多時候，我們責備學校 / 教育制度扼殺學生的思考和創意，但很多寶貴的學習歷程，往往在非正規課程中發生。

有次我與中學同學聚舊，大家翻開舊相片，很多話題都是環繞話劇比賽的搞笑、開心事件，還有穿着白色和藍色的「旅行服裝」，當時覺得很土氣，很不滿學校的安排，但這些經驗現在卻帶來很多豐富的回憶。這些非正規課程的片段，也是我們成長的一些標記，一些刺激我們反思的素材。

很多時候，人是在不同的挫敗經驗中成長，我們作為青少年工作者也不會例外。我在那段經驗尚淺的日子中，即使不懂什麼解説技巧，卻仍以一個簡單真誠的心與學生交往；雖然稱不上是個很能幹的教師，但我是個愛學生、關心他們成長的老師。單是這一點，比我只懂運用技巧而不去關心他們更優勝，更能幫助學生成長。

我們各有自己的限制，今時今日，我的挑戰是怎樣運用技巧的同時，仍保持對青少年的愛心不變，繼續持守當初那份熱誠 —— 讓學生得到全面發展。

第二部分

應用篇

EXPLORATION

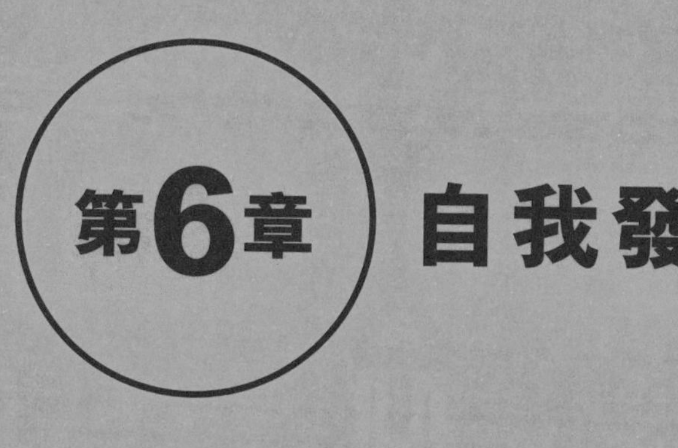

第6章 自我發現

「自我」是個很抽象的概念，看不到、觸不到，也難以準確量度。理解自我就像描繪一幅複雜的心靈地圖，但我們可藉此較有系統地明白及發現真正的「我」。

主題概述

學者 Don Hamachek 把「自我」定義為：(1) 一個個體 (self as an object)，是一個客觀的東西，可待研究，且每次都有新發現；(2) 一個過程 (self as a process)，是一個有時間性、不斷演變的過程。

簡單來說，「自我概念」就是我們在特定的時間裏怎樣看自己，是我們對自己所持的一套觀念和態度的組合。心理學家 Shavelson 提出的「自我概念」包括以下各方面的「我」：

1. **身體的「我」**(Physical Self) —— 包括自己的外形和面貌是否吸引、高矮肥瘦、身體各部分比例，還有體能之高低。
2. **學業的「我」**(Academic Self) —— 包括語文、掌握數字、科技的能力及各學科成績，記憶、創意、解難等各方面的能力。
3. **社交的「我」**(Social Self) —— 包括是否合羣、對人是否大方得體、與人相處及社交之能力。
4. **道德的「我」**(Moral Self) —— 包括個人品德、自律與操守方面的能力，是否有服務他人的精神。
5. **家庭的「我」**(Family Self) —— 包括個人在家庭中的排行次序、家庭經濟狀況、家庭成員之間的關係。

可以說，自我概念是以上所有意識中的「我」的總匯，而其中一個特色是不穩定的，是可以改變的。**尤其在兒童及青少年發展階段，自我概念會隨着成長經驗、旁人的正面和負面評價、個人與社會環境互動的影響而轉變，至於改變程度，視乎個人接納這個「我」有多少。**

按發展心理學家艾力遜（Erik H. Erikson）所指出的「人生八個階段」，青少年階段（約在 12 至 19 歲）將經歷自我身分認同的進程。青少年若在這階段有更多正面的自我發現，則自我身分（self identity）得以確立，更清楚自己要肩負的角色和任務；相反，則陷入身分角色混淆之中，常為迎合別人要求而不清楚自己的能力和需要，於是將會經歷不同的成長危機。

圖 6.1 自我身分認同的兩極表現

自我身分確定的青少年	角式混淆的青少年
• 充滿信心和毅力 • 行為表現自然而真誠 • 內心平和，情緒穩定 • 了解自己的能力，也知道自己的目標 • 對自己的性格及人生觀引以自豪	• 做事常敷衍了事，無法專注 • 一直弄不清自己內心的真正感受 • 雖然內心不安，仍竭力表現若無其事的樣子 • 為迎合別人，不得不掩飾或偽裝自己的情緒和感受 • 常喜歡同時參與多種活動，以致沒有一件事情能夠做得好

人每天都會對自我有新的發現，不論在有意識或無意識下，都一直進行。**我們透過很多不同的解說活動，期望青少年能擴大自知自覺的範疇，而不是活在知而不覺，或不知不覺之中。**

圖 6.2 自覺的三個層次 —— 在成長期之分別

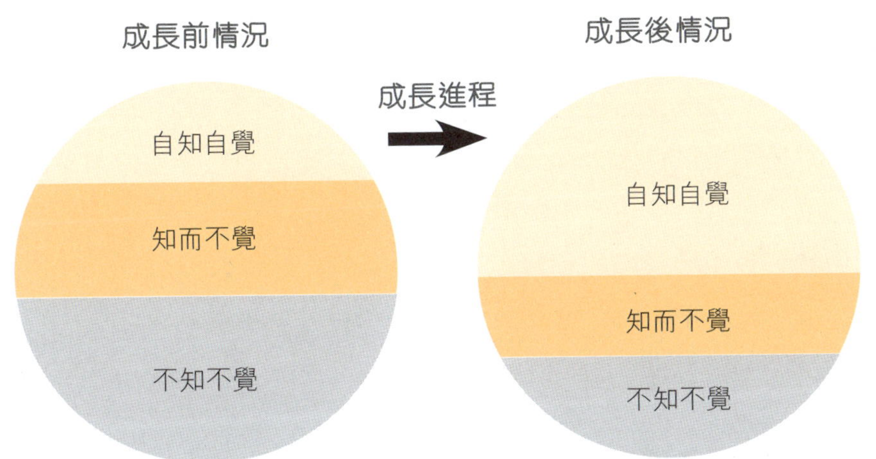

資料來源：李德誠、麥淑華（2005），《整全的歷奇輔導》（第二版）。香港：突破出版社。頁 56。

故此，老師或社工若可藉由學校或社會服務機構籌劃的活動，把握體驗過程的受教時刻，加以解說，青少年就有更多機會從中發現自己。

問心一句 —— 自我認識帶來改變？

當青少年有更多自我發現，更明白自己的強與弱、身分或角色後，是否等於更接納這個「自我」呢？很多前線工作者見到青少年完成很多自我認識的活動後，仍然有層出不窮的行為問題而感到非常沮喪、無奈。工作者可能有一個假設:一個人自我認識更多，就會改變那個「老我」的行為。

一．自我發現帶來自我接納？

基本上自我發現和自我接納是個漫長而反復的歷程。更多的自我發現可以提升對自己的覺察力（self-awareness），在意識或理論層面上達至自知、自覺，但不等於對這個「我」一定有正面而肯定的評價，關鍵在於是否願意接納這個自己。《聖經》中，神已向屬祂的兒女表達不變的愛，又鼓勵我們要看自己「合乎中道」，即接納自己的強與弱，不過於自信而恃才傲物，也不過於自卑而貶低自己。工作者幫助青少年發展自我的同時，可從不同角度幫助他們更多接納自己，提升自尊感。

二．自我發現何時才完成？

捫心自問，我做了幾十年人，稍為認識一些輔導成長理念，又累積了一些相關的體驗，現在的這個「自我」完整發展了沒有呢？我想，我比十年前的「我」進步，對「現今的我」有更多發現，對自己的優點和限制也有較多的認識和接納。心靈狀態好的時候會心情愉快，但偶爾也會感到自卑，不想接納某部分的「我」，這種內在張力常常存在。其實每個人都在追求更多和更深的自我發現，卻又同時在接納或排斥不同層面的「我」。**有研究顯示，若有一個安全及關愛的環境，青少年會更有信心去敞開自己不同的面貌，也更願意去發現不同的自己。**究竟我們跟同學解說時，是否提供了這樣的安全及關愛空間？

三．自我發現後為何依然故我？

青少年「內心的我」有否轉變，我們其實不知道，也未敢肯定；即使他們內心真的轉變，但實行出來又可以是另一回事。《聖經》細緻描述了人在這方面的掙扎：「立志為善由得我，只是行出來由不得我，故此，我所願意的善，我反不做，我所不願意的惡，我倒去做。」（羅 7：18-19）。另一方面，**青少年的行為表現與環境是互動的，他的行為與真正的想法可能已有距離。**例如浩文知道自己很注重外貌，常期望以「有型」外表去肯定自己，提升自我形象，但學校往往不想學生「標奇立異」；浩文染髮、穿着「有型」往往與學校出現衝突。他亦可能不想犯校規，但覺察自己真的需要這樣表達。事實上，在兩難之間要作一個智慧的抉擇實在不容易。

四．可以尋找到「真」我嗎？

參加者在「遊戲見真我」的活動中經常問：怎樣找到「真」我？若真的有一個「真我」，那是否表示有一個「假我」？

真真假假，有時很難分辨。家庭治療大師薩提爾（Virginia Satir）在 *Your Many Selves* 一書中描述，自我有不同的面貌：「公開的我」與「隱藏的我」、「別人眼中的我」與「自己眼中的我」，「理想中的我」與「現實中的我」……。若每組的兩極較接近，那個「我」就會較自如和愉快。若每組的兩極南轅北轍，那個「我」則很分割，充滿矛盾，並不暢快。**工作者帶領體驗活動的目標，就是讓參加者從遊戲中以另一角度認識這個不同層面的「自我」，期望他們可明白與接納自己呈現不同的面貌。**

受教時刻——重尋生命本質與意義

以下介紹的十個解說項目，是一個沉澱整理的時間空間。青少年確要藉更多不同體驗活動去認識不同的「自我」，故此工作者解說時的提問重點應在於：

重點發問

- 事實：過程中，你對自己有什麼觀察？你有什麼行為出現？你貢獻了些什麼？你聽到/講了哪些深刻的説話？你出現什麼反應？
- 感受：你有什麼感受？你的情緒有什麼反應？
- 發現：對自己有何新的發現？
- 將來：今天你對自己的發現帶來什麼啟示？

1 變幻天氣圖

體驗目的	組員選取有關的天氣訊號圖像，可具體表達在過程中的變幻心情。
運用步驟	1. 先將天氣訊號圖像製作成圖片卡 / 工作紙。 2. 每位成員選出一張最能貼切形容自己當下狀況/心情的圖片卡。 3. 輪流分享他們所選擇的圖片和所代表的狀態 / 心情。
整理經驗	♦ 哪張圖片最能代表你的狀態？ ♥ 可以描述一下你的心情嗎？ ♠ 你滿意自己這個狀態嗎？ ♣ 若可改變的話，你期望狀況可變成怎樣？
走進教室	**成長課 / 班主任課** 小息過後，或完成一些深刻經驗的課外活動後，同學都有不同的感受及情緒，但當老師詢問他們的感受時，他們卻支吾以對。哈佛大學教授丹尼爾高曼（Daniel Goleman）在 *EQ*（《情緒智商》）一書中提出，要有效管理情緒，首先要覺察自己的情緒，並能將它表達出來。「變幻天氣圖」因圖像多樣化，能以表達我們變幻的心情，故此鼓勵同學兩人一組，或請一、兩位同學分享選取的圖像，以表達當下的心情。這是個情意教學（Affective Education）的好時機。

材料：天氣訊號圖像（見圖頁80）。

（亦可參考香港天文台網站 http://www.hko.gov.hk/wxinfo/dailywx/warnlegend_uc.htm）

場地：  

時間：20分鐘

chapter 6

圖 6.3 天氣訊號圖像

天晴	多雲	部分時間有陽光
驟雨/陣雨	天陰	霧/薄霧/煙霞
黃 黃雨	紅 紅雨	黑 黑雨
雷暴	山泥傾瀉	水浸
季候風	3 8 10 颱風	熱 酷熱天氣警告
黃 黃色火災危險	紅 紅色火災危險	冷 寒冷

其他（請列出）

2 稱讚不停

體驗目的	從別人選取的小紙條來理解自己；藉選取小紙條給組員來理解他人。
運用步驟	1. 可把形容詞製作成小紙條 / 小卡 / 工作紙。 2. 每位成員為各組員選擇一張最能貼切形容對方的小紙條。 3. 將小紙條交給各組員。 4. 組員輪流分享收到小紙條的感受。
整理經驗	♦ 將收到那張稱讚小紙條排列喜歡次序，你會如何排列？ ♥ 當你收到不同的稱讚（有些可能是不合意 / 不貼切的）時，你的反應是…… ♠ 收到這些讚賞，對你自己有何新的認識？ ♣ 你還希望得到哪些讚賞？
變化	• 可把詞語印在貼紙上，互相送贈。 • 可以以工作紙形式，請他們寫自己的名字，交給同學在上面打✓（參考頁 82）。
走進教室	**學期中 / 學期終** 以前當老師的時候，在學期中段或終結的時候，我邀請同學及老師可互相表達欣賞。每人一個信封，寫上他們的名字，傳給班中每一位同學，請他們把對那同學的回應，寫在小紙條，放在信封中。最後大家從別人對自己的回應中，對自我發現更多。最後把收集了的紙條貼在週記 / 心情札記再分享。

材料：寫下各種優點 / 形容詞的小紙條（參考頁82）。

場地：

時間：20分鐘

圖 6.4 稱讚不停形容詞

傑出	細心	醒
勇氣	好幫手	強健
堅強	溫柔	愛心
有禮貌	可愛	良善
有紀律	守時	有耐性
能幹	主動	理性
健談	敏銳	智慧
有小聰明	友善	幽默

3 大自然雕塑

體驗目的

藉製作過程來檢視自己現時的生活狀況。

運用步驟

1. 要求各組員在指定的戶外範圍內（如郊遊點、郊野公園、營地、河邊），或遠足途中，執拾、搜集天然的材料，如樹葉、石頭、枯木等。
2. 把材料製作為大自然雕塑，題目可自定，例如：「我的生活狀況」、「360 度的我」等。
3. 活動可以個人或小組形式進行。
4. 邀請各成員一起巡迴參觀眾人 / 各組的作品。
5. 跟全體 / 全組分享自己的發現和啟迪。

整理經驗

- ♦ 你滿意這個代表你的雕塑嗎？
- ♥ 見到這個雕塑製成品時，你的感受是……
- ♠ 這雕塑最能貼切形容你的……？
- ♣ 若可以再多些時間，你會加添 / 美化 / 修訂的那部分是……

變化

可另選取循環再用物料，如卡紙、泥膠、黏土、瓦通紙、冰棒等。

走進教室

成長課 / 班主任課

此活動可配合美術科，以不同的材料創作一個屬於自己的雕塑。作品不宜設立冠、亞、季軍，卻可考慮設最有心思獎、最具創意獎、最真情流露獎、最具自我風格獎等等。

材料：果實、樹枝、樹葉、枯木、石塊、貝殼、草等。

場地：

時間：30分鐘

愛惜大自然守則：只拾取地上的材料，不可摘取花卉、果實或折斷樹枝，破壞大自然。

4 *我的 Ryan*

體驗目的

Ryan 的意念來自電影《雷霆救兵》(*Saving the Private Ryan*)。這部電影講述美軍登陸諾曼第，與德軍交戰的情境。一名士兵 Ryan 的三個兄弟均戰死沙場，美國於是決定派米拉上尉及七名士兵護送 Ryan 回國。但尋找 Ryan 的過程並不容易，他們深入敵人後方，經過不少困難、危險，最終找到 Ryan。

Ryan 可代表生命的尊貴和意義。組員透過製作自己的 Ryan（布公仔），認識及整理獨特的自己。

運用步驟

1. 每位組員獲派發製作「我的 Ryan」材料一份。
2. 每位組員自行設計及製作有個人特色的 Ryan。
3. 鼓勵組員將一些在活動中完成的工作紙或別人的回應，放在「我的 Ryan」裏面。
4. 邀請各成員一起巡迴參觀各人的作品。
5. 跟全組分享自己的發現和啟迪。

整理經驗

- ♦ Ryan 的哪一部分最像你？
- ♥ 製作 Ryan 時，你有何感受？
- ♠ 你的成長又是如何一步一步塑造而成？
- ♣ 若可以為這個 Ryan 增值，你計劃增添什麼？

chapter 6

走進教室

通識課 / 班主任課 / 成長課

每個 Ryan 都代表每個同學的獨特性，學生製作自己的 Ryan 時，可學習發現不同層面的自我。老師亦可透過此活動讓同學整理自己的成長痕迹，故可在年終安排一段重整回顧的時間。

材料：布料、棉花、鈕扣、針線或其他有助創意製作Ryan的物料。

場地：

時間：30分鐘

5 我的寶貝瓶

體驗目的	組員在每項活動取得寶貝，以肯定自己的優點，並有更多的發現。
運用步驟	1. 請組員帶同一個自己喜歡的小瓶子，或由負責人預備。 2. 活動開始前，把貝殼 / 玻璃珠 / 膠珠等放在當眼處。 3. 組員若在每項活動完成後對自己有新的發現 / 學習 / 值得欣賞之處，就可取一顆貝殼 / 玻璃珠 / 膠珠，放進自己的小瓶子。 4. 在活動中途或完結時，請組員分享所獲得的寶貝。其他組員回應時，若對分享者有新的發現 / 學習 / 值得欣賞之處時，也可送他貝殼 / 玻璃珠 / 膠珠。 5. 最後輪流分享收到額外貝殼 / 玻璃珠 / 膠珠的感受。
整理經驗	♦ 數數你的寶貝有多少？它們代表…… ♥ 見到這些寶貝，你的心情是怎樣的？ ♠ 你擁有的寶貝是從哪裏來？（是天生嗎？） ♣ 你將如何運用這些寶貝？
變化	除小瓶子，可每人派發一張圖畫紙和寶貼（Blu-Tack），將材料貼上亦可。
走進教室	**學期中 / 學期終的班主任課** 瓶內的寶貝，就像 Poker Chips（代幣、籌碼）一樣，可比喻作孩子的自尊感。當孩子得到讚賞、肯定，自尊感就像籌碼般一個一個的累積下來。相反，當孩子遇到挫折、羞辱時，自尊感就如籌碼般一個一個的失去。這活動期望幫助同學更確定自己的優點，把它一天一天的累積起來。老師可在學期開始時，請每個同學帶一個瓶子，在整個學年期間，間歇地讓學生整理優點。 「我們有這寶貝放在瓦器裏，要顯明這莫大的能力，是出於神，不是出於我們。」（林後 4：7）

材料：貝殼 / 玻璃珠 / 膠珠等。

場地：

時間：30分鐘

6 心靈札記

體驗目的	以文字書寫表達心迹，了解自己在活動過程中的學習和發現。
運用步驟	1. 每人獲派一張心靈札記工作紙。 2. 請學員安靜片刻，然後寫下心靈札記。 3. 請學員選出一段，輪流分享。
整理經驗	♦ 哪一段心靈札記，你感到最深刻？ ♥ 書寫時，你內心有怎樣的感情？ ♠ 哪些層面，是你對自己新的了解？ ♣ 哪些方面，你仍須擴展呢？
走進教室	**週記 / 反思時段** 心靈札記是最容易在學校處境中運用。有些學校稱它作週記，有些學校刻意安排半節課（約 20 分鐘），請同學安靜及反思每天經歷的學習及人際經驗。教學應該是雙向的，反思是「透過觀察對方的行為來反省自己的行為，就像照鏡子一般，不時自我評鑑」。老師在學生的心靈札記內不需要修改文法，只需寫下一些共鳴語句、反思提問、支持鼓勵等回應，已很足夠。

材料：心靈札記工作紙（參考頁89）。

場地：

時間：15分鐘

圖 6.5 心靈札記工作紙

反省	意見
• 最享受的 __________ __________ __________	• 什麼幫助我學習或發展 __________ __________ __________
• 最有意義 __________ __________ __________	• 正向的發現 __________ __________ __________
• 我的改變 / 不同 __________ __________ __________	• 阻礙我學習或發展 __________ __________ __________
• 我期望有轉變 __________ __________ __________	• 負面的發現 __________ __________ __________
• 未來我想知道多一點 __________ __________ __________	• 有趣發現 __________ __________ __________
• 驚喜 __________ __________ __________	• 可改善之處 __________ __________ __________
• 預計未來 __________ __________ __________	• 其他意見 __________ __________ __________

7	自覺輪
體驗目的	以自覺輪來整理及分析自己在活動中的心路歷程，藉此了解行為背後的動機及思緒。
運用步驟	1. 活動後派發自覺輪工作紙。 2. 各人按紙上的提示寫下自己的發現。 3. 總結全組的發現及得着，寫在大卡紙上。 4. 最後輪流分享他們在活動中的心路歷程。
整理經驗	♦ 哪一部分最容易 / 困難填寫？ ♥ 當填寫自覺輪工作紙時，勾起了哪些情緒？ ♠ 你如何理解自覺輪中的你？ ♣ 哪些方面，你要加強發展 / 減弱？
走進教室	**週記 / 反思時段 / 公民教育活動之後** 自覺輪是個很好的自我反思框架，同學可更微細地察看自己行為背後的動機和思想。可邀請同學在週記中按這個思考框架表達，亦可在通識教育科的「自我及個人成長」範疇中應用。除了給個人反思機會外，也可以小組形式進行，把發現寫在大卡紙上，然後匯報。

材料：自覺輪工作紙（參考頁91）、大畫紙、顏色筆。

場地：

時間：30分鐘

圖 6.6 自覺輪工作紙

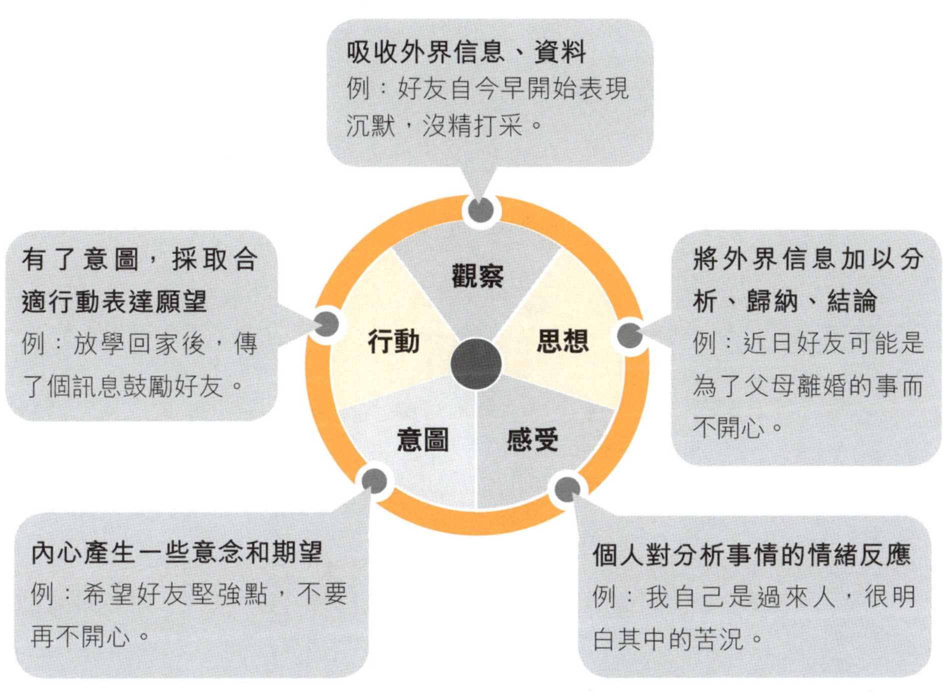

仔細檢視自己在活動過程中的一次決定 / 行徑，寫下你的觀察、思想，感受、意圖、行動。

____

____

____

____

____

____

8 沉思漫步

體驗目的

在戶外環境中，製造一個漫步沉思的空間，讓組員在安靜中整理自己的內心世界。

運用步驟

1. 先簡介整個活動的過程和目的，提醒大家安靜、獨處對自我發現的重要。
2. 定下一個簡單的題目，例如：「今天活動中我對自己的發現」。
3. 安排組員一個跟着一個慢行，雙眼只需望着前面學員的鞋跟。
4. 再找一個可以獨處安靜的地方，坐下靜思。
5. 若在夜間進行這活動，可關掉照明燈，幫助學員進入安靜狀態。若組員較難安靜下來，可安排組員戴上眼罩。
6. 最後輪流分享他們對自己的發現。

整理經驗

♦ 在沉思漫步時，哪個片段最深刻？哪些説話最難忘？
♥ 這些新的認識，引發你有什麼感受？（如：享受 / 難捱 / 空白 / 混亂……）
♠ 對自己有何更多發現嗎？
♣ 下一步，我當如何……

走進教室

德育課 / 通識課

自我發現是一個緩慢、不宜急進的歷程。都市人習慣急速的生活節奏，稍稍慢下來，反而更能接觸內心深處，聆聽自己內在的聲音，了解自己真正的需要，而不是被身邊的事物牽着走。漫步對一些初嘗試的同學可能有些不習慣，若老師能在漫步前陳述意義和目的，同學經多次嘗試後，可更享受這個反思空間。

老師可在學校操場或校園內安排這個沉思漫步活動。若有兩位老師分開小隊帶領則更理想。

材料：若有需要可預備一些純音樂；組員狀態預備好，則完全靜默更為理想。

場地：

時間：30分鐘

9 心情指數

體驗目的	以鐵線製作自己心路歷程的曲線，放在座標圖上，了解心情起伏狀況。
運用步驟	1. 派鐵線給組員製作自己的心情指數曲線，並貼在心情指數座標圖上。 2. 座標圖上，10 分代表很滿意，0 分代表很不滿意。 3. 輪流分享他們在活動中的心路歷程。 4. 若時間許可，可邀請他們將鐵線放在同一張心情指數座標圖上，藉此觀察大家的異同。
整理經驗	♦ 座標上，高峰 / 低谷代表什麼時刻？那段時間發生了什麼事？ ♥ 在高峰 / 低谷的時段，你的心情如何？ ♠ 在高峰 / 低谷的時段，你如何面對這些挑戰？ ♣ 若給你再來一次，你的心情指數會怎麼樣？
變化	可以繩子替代鐵線，或簡單以紙、筆完成，在沙地上繪畫也可。
走進教室	**成長課 / 德育課 / 集體活動如學校旅行、陸運會、班際比賽、義工服務等項目之後。** 《EQ》一書中提出，除了覺察自己的情緒外，若能以言語仔細描述，就更能掌握自己心情的變化。當同學兩人一組，互相表達自己的心情變化時，無論聆聽及分享的一方均對彼此的感受有進一步的認識。

材料：心情指數座標圖（參考頁94）、鐵線、膠紙。

場地： 

時間：30分鐘

chapter 6

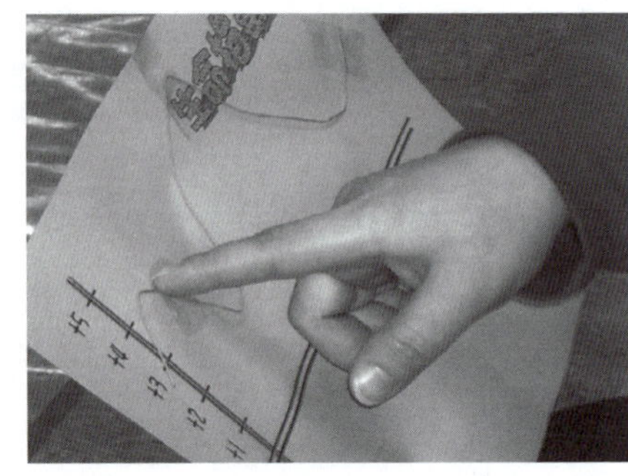

圖 6.7 心情指數座標圖

10
9
8
7
6
5
4
3
2
1
0

事件

10 人生最後的 24 小時

體驗目的

給自己、給摯愛、給敬重的人各寫一封信，讓學員有機會沉澱整理自己的思緒及重要的關係。

運用步驟

1. 先簡介整個活動的過程和目的，提醒學員安靜、獨處對自我發現的重要。
2. 可先安排一些安靜心靈的熱身活動，如：散步、聽音樂靜思、簡單而緩慢的鬆弛活動。
3. 找一個可以獨處安靜的地方，坐下靜思。若組員較難安靜，可安排組員戴上眼罩。
4. 安靜時間最少有 30 分鐘。若組員狀態合適而時間亦許可，2 至 3 小時較為理想。
5. 請組員反思安靜，若人生只剩下最後的 24 小時，學員有什麼未完的話想跟別人講。
6. 請他們在安靜中，分別寫一封信給自己、給家人、給重要的人、給創造主。導師可按時間及情況，選擇完成其中一些項目。
7. 在 2 至 3 小時的安靜時段中，安排導師短訪各人 5 至 15 分鐘。導師可藉此時段關心組員的狀態，慰問及為有需要的組員祈禱。
8. 安靜時段完結後集合。請學員輪流分享信中某一段，或在整個過程的感受和發現。

整理經驗

♦ 在獨處過程中，你最深刻的是……
♥ 在獨處過程中，你覺察到自己的心情狀況如何？
♠ 在人生中，最大滿足 / 遺憾的是……
♣ 回去，有哪些事想立刻做，有哪些話要講？

走進教室	**成長營會 / 領袖生訓練計劃** 這是個有效發現自己需要的活動。很多組員都覺得這段時間很深刻和寶貴，還嫌太短，每每建議我們延長時間，可見獨處對每一位認真反思的年輕人很有意義。 然而，這是一個要小心處理的活動，活動前同學間應經歷不同程度的反思活動及訓練。因為這個活動正要處理一些核心的問題：一生中最關注的人和事是什麼？建議有輔導訓練的老師或社工帶領較好。過程中若有同學情緒不安，應該有額外人手安排即時輔導和處理。

材料：信紙、信封、筆。

場地：

時間：60-180分鐘

經驗回顧——自省行動

「自我發現」對你又有些什麼獨特的信息呢？

1. 我最欣賞自己⋯⋯

2. 我的喜好是⋯⋯

3. 我的限制是⋯⋯

4. 用十個形容詞來介紹自己時，我會⋯⋯

LEADERSHIP

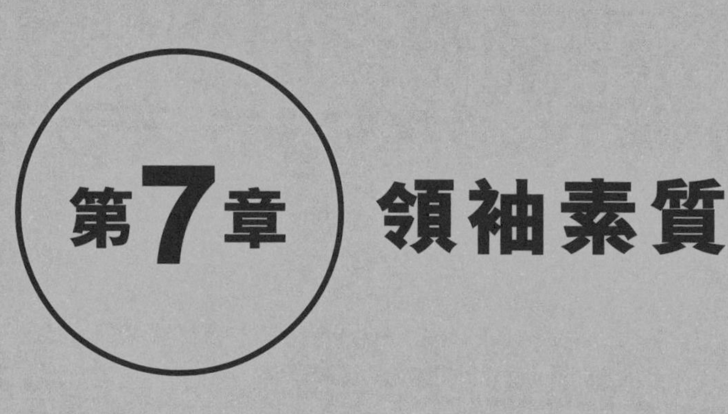

第7章 領袖素質

誰是領袖？學校班長？部門主管？社區團體主席？國家元首？這些位置的角色確實是我們的領袖。根據辭典的解釋，領袖是指社會各種不同的團體中，影響力比別人大，而且能引導公眾採取新態度或新行為的人物。

不過，20 世紀末已陸續有人著書提出領袖並非個人英雄，或強權領導；而是相信每個人都具備領袖素質，可在不同的崗位展現潛能，若眾人能各盡其職，就可為社會帶來更多貢獻。故此我們相信，領袖是可以培育出來的，當人不斷提升素質，潛能就可發揮得盡善盡美。

主題概述

所謂領袖培育，我們定義為：(1) 提供機會協助他人發揮潛能；(2) 委任有能力的成員分擔責任；(3) 凝聚有素質的成員解決難題，激勵及推動成員一起完成任務、達成目標、實踐信念，邁向共同理想。

領袖風格

Hersey & Blanchard 在 *On Leadership Style and Situation* 一書中[註 1]，按照對任務承擔感和同工關係的優次及比例，將領袖分為四種風格（見圖 7.1）：

圖 7.1 四類領袖風格

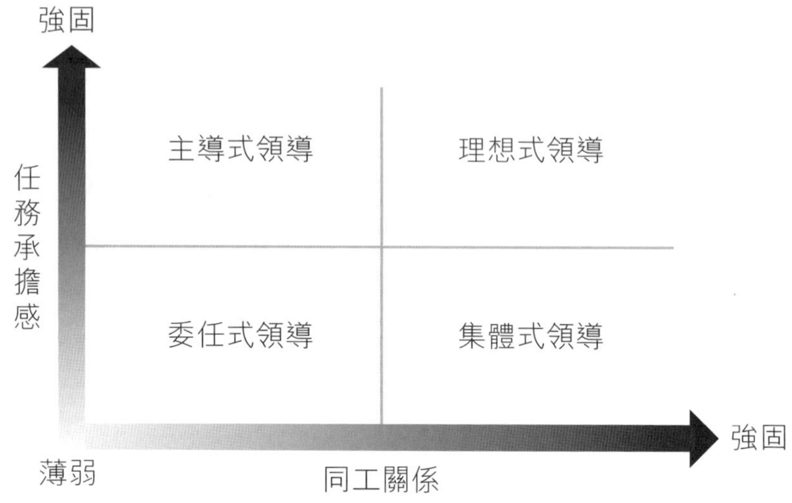

圖文説明：四類領袖風格

1. **主導式領袖** —— 屬於任務承擔感強固、同工關係薄弱的一種。主導式領袖專注於完成任務，把工作分派給下屬，跟隨者按其指示執行任務。這種風格在經驗幼嫩的成員中、隊工形成初期或緊急關頭，特別能發揮作用。

2. **理想式領導** —— 屬於任務承擔感強固、同工關係密切的一種。理想式領導亦是平衡式的領導，既重視任務亦重視同工的關係。領袖會把責任分配給各工作小組的組長，讓同工一同掌握目標和方向，藉共同擁有歸屬感而貢獻自己。這種風格需要各成員均具備才幹、處事成熟獨立，能承擔和完成有關任務。

3. **集體式領導** —— 屬於同工關係密切但任務承擔感薄弱的一種。集體式領導讓所有同工參與決策過程，領袖的角色只是召集人和協調者。這種風格的領袖通常處於尋索方向的階段，各成員需具備一定的才幹，亦能在方向上給予意見。若能訂出決策，成員便能穩步前行；若協商時間過長，成員則容易產生不安或迷失感覺，可能因而拖延或停頓了任務。

4. **委任式領導**——屬於任務承擔感及同工關係均薄弱的一種。成員看領導者的工作為他的責任，而承擔任務則是成員的工作。由於工作程序有規範可遵循，所有任務均按照程序進行。這種風格需要成員具備認可的能力和成熟度、願意承擔及獨立完成任務的能力。

以上列舉的四類領袖風格只作參考，工作者可按學員不同的互動情況或體驗進程，培育學員不同的領袖風格，故此沒有哪一類是最優秀的，關鍵是要因應情況恰如其分地回應。至於領袖培育的內容則包括兩大方向（見圖 7.2）：

圖 7.2 領袖培育的內容

領袖技能培訓	生命質素培訓
• 認識潛能	• 尊重別人
• 有效溝通	• 誠信
• 情緒管理	• 責任感
• 隊工精神	• 不吝鼓勵
• 逆境堅韌力	• 自信心
• 難題解決能力	• 樂觀熱忱
• 衝突處理	• 文化及社羣接觸
• 組織及計劃能力	• 關心社會事務
• 獨立思考	• 批判思考
• 創意思維	• 悲憫心腸
• 決策力	• 感恩

領袖的七項素質

一位全備的領袖，並非靠一個課程或活動即可完全達標，乃是一次個人成長的旅程，是一個終身學習的方向，在以下七項素質中均漸趨成熟：

1. **全然貢獻自己**——能盡顯所長，並將自己的潛能貢獻。
2. **善於與人溝通**——善於與人建立良好的關係，有效的溝通增進彼此信任，並能鼓勵自己及跟隨者的士氣。
3. **目標方向清晰**——清楚進程的藍圖和計劃，有效監察計劃能循序漸進，並能按着處境調節變動，不為目前難題所困，向着目標和理想邁進。
4. **勇於承擔責任**——遇到挑戰或危急，不會臨陣退縮或虎頭蛇尾；承擔責任後懷着破釜沉舟、義無反顧的精神完成任務。
5. **具備專業能力**——熟悉任務或達成理想的知識，並能給予卓越的意見，以致能妥善帶領隊工、決定分工、制訂策略、預算資源、聯繫網絡等。
6. **掌握跟隨者需要**——帶領者清楚掌握大家的想法和需要，清晰每位成員的角色分配，並能知人善任，發揮所長，令跟隨者肯定他的帶領。
7. **擁有資源網絡**——擁有豐富的資源網絡，在運用和聯絡上帶來不少方便，可支援和協助完成任務或解決問題。

問心一句——領袖需要十項全能？

要求一位領袖具備全面的素質，豈不是要求一個萬能的超人才能滿足？能符合這樣要求的領袖又有幾人？他真的一無所缺嗎？

一．領袖＝超人？

踏入 21 世紀「地球村」的年代，社會急速變化，擁有單一的專業知識和技能的人已不足夠面對新世紀的挑戰。因此，領導的階層不再由少數人壟斷，而需要集體領導的模式，由具備不同專才和能力的人，共同承擔領導的責任。

我認識的一位前訓練機構總監，便深明此道。他分享其傑出的帶領經驗時謙稱：「我強，因為我的班底強。」他領悟到並非單靠一己的能力而成事，乃是背後有一強大的隊工，各自擁有獨特的專才，可各展所長、互補不足，兼且能同心協力應付不同的挑戰、滿足客戶的需要。他的隊工既可承擔起緊迫的工作程序，就給予他較多的空間作整體性的策略和計劃。在他身上，我看見一位成功的領袖需要懂得下放權力、分派任務予合適的同工；信任同工可以完成之外，也能容納能力和專長比自己強的同工，這樣才可令自己和同工皆相得益彰。

領袖不單要具備高瞻遠矚的視野，還要有虛懷若谷的胸襟，容納不同素質和才幹的人成為隊工，才是個真正卓越的領袖。

二．怎樣才算是合資格的領袖？

時移世易，前幾年工商機構急速轉型，擁有專才的管理階層漸漸被淘汰，或由其他科技取代，出現了人才過剩的情況，不少管理層被辭退。在「高不成低不就」的情況下，事業與生活陷於困境，有些人因而走上不歸路。整個社會籠罩着灰暗的氣氛，人人自危，擔憂自己亦被革除，真的可怕。

原來，合資格的領袖並沒有永久的保用證，除非他的生命能不斷更新和成長。近年政府推行的持續教育基金，目的就是鼓勵在職人士進修，裝備自己，在日新月異的社會中能面對急速的改變。**作為一位積極進取的領袖，更要不斷學習，增強個人迎向轉變的能力。**

三．新世紀需要怎樣的領袖素質？

香港回歸前兩年，突破機構提出了塑造青少年成為 21 世紀領袖所需的素質，並且把理念落實為「全人領袖教育基因計劃」，於每年舉行「國際華人青年領袖訓練營」等重點項目。這些項目的目標是幫助青少年認識自我，塑造並發掘他們內在的領袖素質，預備成為一個具遠象、負責任、敢承擔、富創意的 21 世紀領袖。梁永泰博士把 21 世紀的領袖素質綜合為 12 種素養（見圖 7.3）。

圖 7.3 21 世紀領袖素質

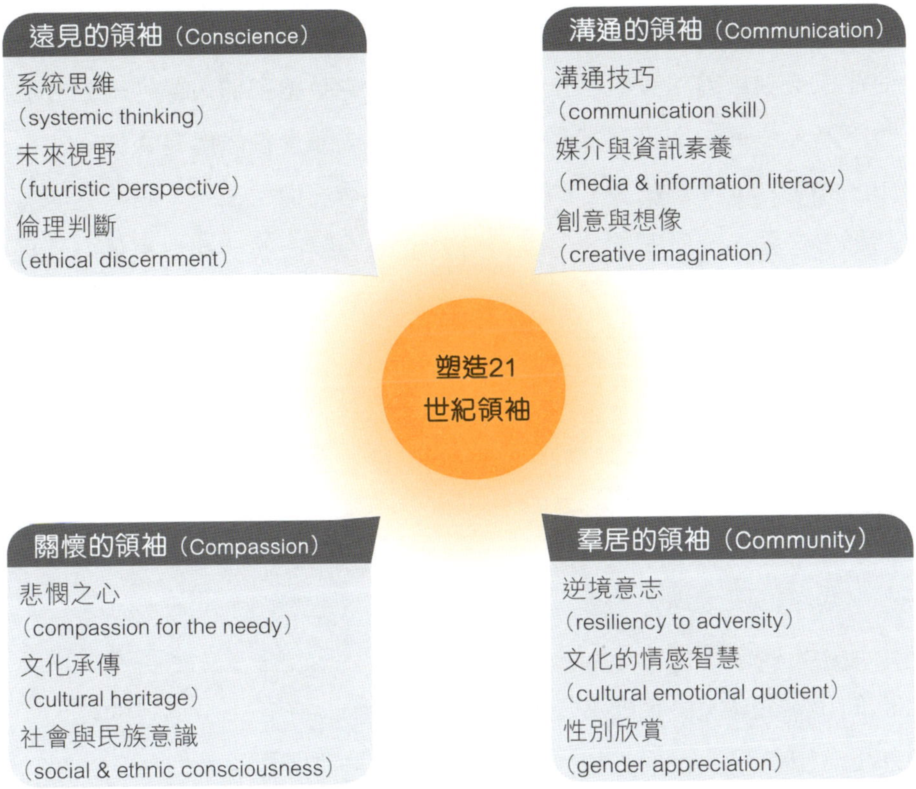

遠見的領袖（Conscience）
系統思維
（systemic thinking）
未來視野
（futuristic perspective）
倫理判斷
（ethical discernment）

溝通的領袖（Communication）
溝通技巧
（communication skill）
媒介與資訊素養
（media & information literacy）
創意與想像
（creative imagination）

塑造21 世紀領袖

關懷的領袖（Compassion）
悲憫之心
（compassion for the needy）
文化承傳
（cultural heritage）
社會與民族意識
（social & ethnic consciousness）

羣居的領袖（Community）
逆境意志
（resiliency to adversity）
文化的情感智慧
（cultural emotional quotient）
性別欣賞
（gender appreciation）

資料來源：梁永泰（2005），《新領袖 DNA》（第二版）。香港：突破出版社。

誠然，一位高素質的領袖不是單憑能力和技巧，愛心也不是空談，故此培育是要全面均衡發展的。**而領袖的最終考驗，是把其信念及實踐的意志，從他人身上彰顯出來。**

四・領袖不是巨人而是僕人？

傳統的領袖，給人的印象是功能性和任務性的，又或在權力鬥爭之中存活，令很多好和平的人拒絕擔當領袖一職。不過，**歷史中最具影響力的領袖往往走到最前線，默不作聲親手撫慰服侍受迫害的人羣。他們在社會上並不為人注目，卻仍默默耕耘，直到晚年或離世後才廣為人知。**已離世的印度國父甘地、加爾各答的德蘭修女、美國民權領袖馬丁路得金等等，他們不曾建立過什麼王國，只是用心憐恤、看顧、服侍社會裏最有需要的一羣，最後因此而萬家傳頌，名垂青史。

《聖經・馬太福音》20 章 27 節記載了耶穌的教導：「誰願為首，就必作你們的僕人。」今天我們作領袖時，既要有領袖的才能，更要兼備服侍人的愛心，成為一位恩威並重的領袖。

中國國務院總理溫家寶先生，2003 年 6 月訪港時到淘大花園探望一個在 SARS 襲港期間失去母親的家庭；2005 年元旦，溫總理專程前往陝西省銅川，探望「11・28」礦難職工家屬，悼念在工作中遇難的職工，又到井下看望前線工人，並和他們一起吃午飯。他所作的看似平凡微小，卻是對人民表達愛心和關懷，正是一位恩威並重的領袖。

受教時刻——價值與態度轉化的過程

我曾與一位僱主傾談，她慨歎現今大學生的溝通及解難能力偏弱。她認為，具備基本學歷固然重要，但更重要的是具備以上列舉的領袖培育內容——情緒管理、隊工精神、逆境堅韌力、組織及計劃能力、有效溝通等，這些能力關乎能否成功執行日常工作。

在學校環境中，實在有很多可供同學發揮領袖才能的機會，只是學校實行德育及羣育方面的發展是否如其他學科般重視呢？學校自評的各個項目中，除了單單滿足教育局的要求外，是否有一個發展學生領袖才能的全盤策略呢？抑或只是零星的舉辦一些活動而已？

若以一個整體的遠象去培育學生之領袖素質，培育項目就不應止於活動層次，而是要幫助學生擴闊視野與觀念，把領袖素質成為個人的價值和態度。以下介紹的十個解說項目，就是協助前線工作者引導青少年轉化生命。解說時，工作者提出的思考重點將有助刺激他們反思。

重點發問

- 事實：剛才哪一位學員承擔了領袖一職？他 / 她具備了什麼素質？
- 感受：在履行領袖角色時，心情有何起伏？
- 發現：我是一位優秀的領袖嗎？
- 將來：我應如何計劃以成為一位優秀的領袖？

1 旭日映照

體驗目的

以陽光照射的位置，形象化地描繪學員在羣體中發揮領袖素質的影響力。

運用步驟

1. 每人獲派發一張旭日映照圖。
2. 讓學員有足夠的安靜時間，檢視自己發揮領袖素質的情況。
3. 以太陽光照的位置，描繪他們發揮領袖素質的情況，如：晨曦初升代表剛剛起步、如日中天代表盡情發揮其素質、日落西山代表難以發揮等等。
4. 完成後，各人展示其太陽位置，並輪流分享。

整理經驗

♦ 你的光照在什麼位置？在日光映照下，你屬於哪一類領袖？
♥ 這領袖的光芒，使你感到……
♠ 哪些素質能推動你發揮領袖角色？
♣ 你期望自己在未來的光芒如何照耀？

走進教室

球隊 / 大哥哥大姐姐計劃 / 領袖生訓練計劃等活動

同學容易混淆領袖的概念，領袖不等於領袖生。我們相信每個學生都有其獨特的領袖素質 —— "There is a leader in you"，領袖生只是發揮領袖素質的其中一個崗位而已。若老師澄清了觀念，可以邀請同學展示自己所描繪的太陽位置，並且形容一下作為領袖的狀況，從而了解自己發揮領袖才能的進展。

材料：旭日映照圖（參考頁109）、筆。

場地：

時間：15分鐘

圖 7.4 旭日映照圖

太陽一直發出光和熱，溫暖大地；領袖素質也如此陽光般，為羣體帶來動力。若以太陽的光照位置表示你發揮領袖素質的影響力，你的位置在哪裏？

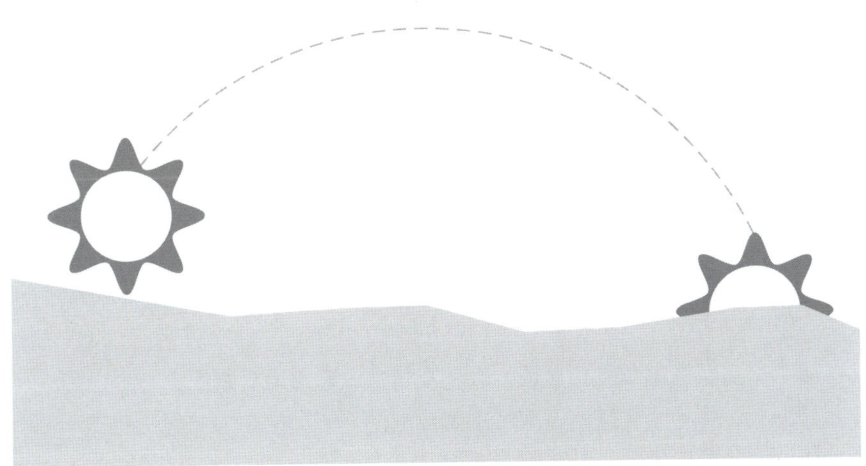

2 計時表

體驗目的	檢視組員在不同時段內發揮領袖素質的進度和狀態。
運用步驟	1. 每人獲派發一張計時表工作紙。 2. 標示日常的狀態，來描繪他們發揮領袖素質的狀況。 3. 完成後讓各人展示，然後逐一分享。
整理經驗	♦ 指針所擺放的位置，代表你發揮領袖素質的情況如何？ ♥ 注視着這指針，你滿意指針數往哪裏去？原因是…… ♠ 你發現自己具備哪些領袖的潛能？ ♣ 你期望自己的指針放在哪兒，以致能成為理想中的領袖？
走進教室	**學生會會長、社長、班長及領袖生來描繪心路歷程** 藉計時表幫助一些特別崗位的同學，如學生會會長、社長、班長及領袖生分享他們發揮領袖潛能的進度。就以一日 24 小時為例（以下只是例子，實質例子應有待同學發揮及註解）： 凌晨時分 —— 睡眼惺忪，不清楚自己角色。 晚上八時 —— 最佳狀態，等候做重要事情。 早上八時 —— 一切有新的開始。

材料：計時表工作紙（參考頁111）、筆。

場地： 

時間：15分鐘

圖 7.5 計時表工作紙

每天，各人的狀態在每一小時內都不同。請以指針代表你發揮領袖素質的進度。

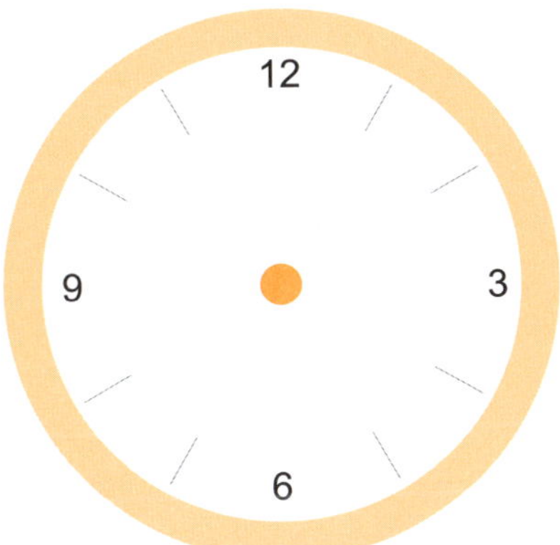

時段	狀態

3 領袖五味架

體驗目的

選擇調味品，具體表達學員實踐領袖素質時的感覺。

運用步驟

1. 將五味架工作紙派發給組員。
2. 請各組員選擇一種或多種味道，以代表他們作領袖的滋味。
3. 完成後各人展示其工作紙，輪流分享。

整理經驗

♦ 你選擇的味道，代表你當領袖時的什麼滋味？
♥ 這種味道令你滿足嗎？原因何在？
♠ 箇中的滋味，如何推動你承擔領袖職分？
♣ 若再當領袖，你最希望是什麼味道？

變化

- 材料可用真實的調味品，讓學員混合調味，以增添五官感覺的刺激。
- 展示不同調味品的圖片，讓組員選擇。

走進教室

學生會會長、社長、班長及領袖生等分享感受的環節

一些有關提升抗逆力（resilience）的文獻表示，有意義的參與能增加學生對學校的歸屬感，從而提升他們的抗逆力。誠然，承擔責任時或多或少會面對挫敗，若老師以接納的心去聆聽，同學的挫敗感或逃避承擔責任的表現，終有一天可轉化成向前的動力。

假若班內每個同學都擔任了大大小小的崗位，這個解說活動就最適合不過。不過分配崗位時，不應只達到機械式、功能式的目的，老師若能使同學在參與的過程中感受到輕鬆、認真和尊重的氣氛，同學就能有所學習，並願分享作為領袖的滋味了。

材料：五味架工作紙（參考頁113）。

場地： 

時間：20分鐘

圖 7.6 五味架工作紙

通常五味架放着各種調味品：鹽、糖、豉油、胡椒粉、醋等等，雜陳多種味道。擔任領袖時，也有機會嘗到百般的滋味，甜酸苦辣，時而混雜時而單一的味道，各人的喜好或討厭感覺也不盡相同。這一刻，你內心的滋味又如何？

SEA SALT
PEPPER
ROSEMARY
FENNEL SEED

4 動物圖解

體驗目的

選擇一種動物，形象化表達自己所具備的領袖素質、能力和狀態。

運用步驟

1. 將各類動物圖像放在場中。
2. 請各人選擇一種動物，最能代表自己的領袖素質和能力。
3. 給予時間，讓各人記下那些素質和能力。
4. 完成後讓各人展示圖像，並逐一分享。

整理經驗

♦ 你選擇的動物具備什麼特別的領袖素質？
♥ 這些領袖素質，牽動你什麼情緒？
♠ 為何你認為自己具備這些領袖素質？
♣ 你會如何裝備自己，以培養所期望的領袖素質？

走進教室

大哥哥大姐姐計劃 / 領袖生訓練計劃等活動

每一個領袖都是獨特的。此活動幫助同學發掘自己的領袖素質。若同學的自我反思能力未夠強，則請老師或其他同學回應以作補充，亦提醒同學以尊重的態度回應別人，否則活動變成取笑人的機會。

材料：動物圖像（參考頁115）。

場地：

時間：20分鐘

圖 7.7 動物圖像

請選擇一種動物，可代替你發現自己所具備的領袖素質、能力和狀態。

白兔	蝴蝶	北極熊
獅子	獵豹	鷹
大象	青蛙	黑猩猩
馬	蜘蛛	狐狸
狗	海龜	貓頭鷹
浣熊	貓	企鵝
蛇	牛	犀牛
長頸鹿	老虎	羊
塘鵝	豺狼	其他（請列出）

5	身體檢查
體驗目的	透過繪畫個人體形，幫助組員整理和實踐領袖的素質。
運用步驟	1. 每位參加者獲派發一張大海報紙或畫紙。 2. 在 10 分鐘內，按他們自己的體形在畫紙上勾畫形狀。 3. 將自己所具備的領袖素質寫在身體形狀之內，將未能達到的素質放在體外。 4. 請組員逐一分享。
整理經驗	♦ 凝視這個你，你是一位怎樣的領袖？ ♥ 當履行領袖角色，你的心路歷程是怎樣？ ♠ 你發現自己具備哪些領袖素質？ ♣ 哪些方面仍需要強化呢？
走進教室	我們或許擁有不少證書、推薦信、獎狀。有否想過為自己開設一本「另類成就冊」(Achievement Record)？這是外國一本有關提升自我形象的圖書建議。只要用一個精美的透明文件套，存放「另類成就」的文件即可，例如：老師送的書籤、組員的回應便條、別人欣賞你的説話的小卡，刊登投稿的剪報……。若每位同學用心完成這張「領袖形象」工作紙，也可把它放在「另類成就冊」中。

材料：大海報紙或畫紙。

場地：

時間：15分鐘

6 領袖業績

體驗目的	透過記錄，整理自己作領袖所需具備的要素。
運用步驟	1. 每人獲派發業績記錄表一張。 2. 組員按指示，在表上六個方格內描繪自己作為領袖的經驗及發現。 3. 完成後向各人展示，各組員逐一分享。
整理經驗	♦ 六個方格中，你最喜歡哪一個？原因是…… ♥ 注視着這份業績表，你內心有怎麼的迴響… ♠ 作為領袖，今天你有什麼新發現？ ♣ 日後你需要加添什麼領袖所需具備的要素呢？
走進教室	**班主任課 / 領袖生、社長、大哥哥大姐姐之訓練活動** 在學期中或學期終時，可安排與一班領袖生整理經驗，請他們填寫業績記錄表，重溫一些深刻、可以改善和成長的片段，然後負責老師可給予鼓勵和回應。此乃學生的另類成績表，讓他們發現自己的另類潛質。

材料：業績記錄表（參考頁118）及顏色筆。

場地：  

時間：30分鐘

圖 7.8 業績記錄表

回望過程，你作為一個領袖，把自己的發現寫在下列各幅畫內。

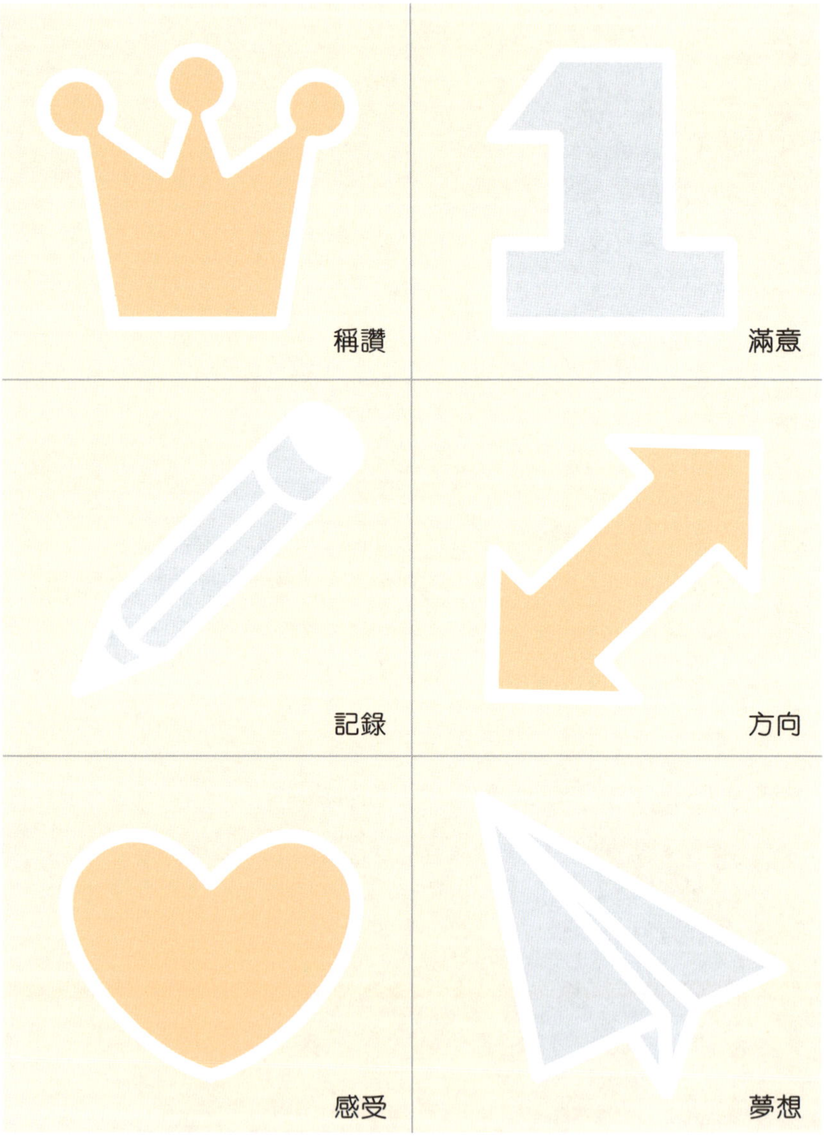

稱讚	滿意
記錄	方向
感受	夢想

7 傑出領袖大賞

體驗目的	透過傑出領袖選舉，肯定組員所具備的素質。
運用步驟	1. 在場地中央，擺放獎品：獨立包裝的糖果 / 零食 / 襟章 / 明信片 / 自行製作的心意卡等。 2. 讓組員選擇合適的獎品，或把獎品送贈給其他組員。 3. 完成後，點算及展示各人擁有的獎品。 4. 請組員逐一分享。
整理經驗	♦ 哪一份獎品最吸引你？ ♥ 作為一位獲獎的領袖，你有何感想？ ♠ 你是如何孕育這樣的領袖素質？你要感謝…… ♣ 前行，還有哪些獎項期望得到？
變化	由組員選擇把禮品轉送給其他組員，來代表欣賞他人的領袖素質，然後輪流分享所送出的獎賞。

走進教室

班主任課 / 公民教育科

若同學均能掌握領袖應具備哪些素質等課題後，老師可在學期終舉行此項目。若期望同學的選舉不是小圈子的選舉，可加入以下指引：

1. 不要選自己最熟悉的同學（因最熟悉的多數是最友好的朋友，平日也有機會欣賞他）。
2. 鼓勵選一些平日較少機會向他表達欣賞的同學。
3. 每個學生指定要給予三個人欣賞說話：
   - 坐在鄰座的兩位同學；
   - 該學年在班中有崗位的同學；
   - 其他自選。

以上只屬建議，實際情況視乎班中氣氛及老師對同學的認識而決定。

材料：獨立包裝的糖果、零食、襟章、明信片、自行製作的心意卡等物品。

場地： 

時間：30分鐘

8　領袖龍門陣

體驗目的

評選領袖最重要的一種素質，讓組員反省實踐領袖才能需要具備的素質。

運用步驟

1. 每人獲派發一張小卡及一支筆。
2. 在小卡上，寫下自己在過程中認為最重要的一種領袖素質。
3. 完成後，與鄰近的組員兩人一組，分享小卡的內容。
4. 把自己的小卡交給對方評分，總分為 7 分。然後把所得的分數寫在自己的小卡背面。
5. 進行第二次分組，跟另一個組員交換小卡、分享、評分。再進行第三次分組。如此這般，可進行五次。
6. 最後計算總分。把組內各成員列舉的素質綜合，並按分數的多寡排列。
7. 再請組員分享他們的看法。

整理經驗

♦ 你擁有組內排列的各種素質中哪幾項？
♥ 具有 / 缺乏這些素質，你的心情感到……
♠ 你認為分數最高的領袖素質是如何培養出來？
♣ 你希望自己將來會應用哪些素質？

走進教室

班主任課 / 通識教育科 / 公民教育科

這是一個互動項目，而不是老師單向灌輸，最後同學可找出什麼領袖素質對他們最為重要。選舉完畢的結果，可再經設計，張貼在報告板，讓同學經常參看。

材料：小卡、筆。

場地： 

時間：30分鐘

9 領袖素質大記數

體驗目的

從組員的回饋，檢視自己所具備的領袖素質。

運用步驟

1. 每人獲派發領袖素質大記數表格一張。
2. 請各人向組員取回饋，若組員認為自己具備表格上列出的其中一些領袖素質，請對方簽名，及描述該素質的呈現情況。
3. 若表格上的四格均有組員簽署，並可橫向 / 直向 / 斜向連成一線，即大叫「Bingo」，在場的其他組員即回應「做得好」。
4. 由最先完成的組員輪流分享。

整理經驗

♦ 你最獲讚賞的是哪一素質？
♥ 收到大家的讚賞，你的感受是？
♠ 你是如何實踐領袖的角色？
♣ 哪些方面，你仍需努力？

走進教室

領袖生營會 / 大哥哥大姐姐訓練計劃等活動
此活動較適合一些心理狀態較安全、較自信的同學。

材料：領袖素質大記數表格（參考頁123）。

場地： 

時間：15分鐘

圖 7.9 領袖素質大記數表格

自信心	合羣	隊工精神	誠信
以身作則	體貼	組織能力	聆聽者
難題/ 衝突解決能力	言出必行	有責任感	尊重別人
不吝鼓勵	樂觀熱忱	感恩	其他： （請註明）

chapter 7

10 憑歌寄意～ *You Raise Me Up*

體驗目的

思考 *You Raise Me Up* 一曲的歌詞內容，讓組員反省作為領袖需要具備的素質。

運用步驟

1. 每人派發歌詞一份，或以簡報展示。
2. 播放 *You Raise Me Up* 一曲，請各組員安靜聆聽。
3. 留心歌詞中有關作為領袖所需素質。
4. 同唱兩遍。
5. 輪流分享自己的看法。

整理經驗

♦ 從這首歌中，你認為領袖需要具備哪種最重要的素質？
♥ 歌詞中哪一句最打動你？
♠ 你擁有歌詞中哪幾項素質？
♣ 要擁有作為領袖的素質還應多加那些素質？

走進教室

德育課 / 領袖生營會 / 大哥哥大姐姐訓練計劃等活動

音樂的旋律容易引發學生的興趣。當朗朗上口時，他們除了享受歌曲外，又可在歡愉的氣氛中思考歌詞的含意，繼而尋覓當中作為領袖的素質。唱歌活動，不需太多的準備，無論在課室的德育課或領袖生營會、大哥哥大姐姐訓練計劃中，作為啟發學生對領袖素質的發現頗為適切。

材料：播放歌曲的器材歌詞（參考頁125）。

場地：

時間：30分鐘

圖 7.10 *You Raise Me Up* 歌詞

When I am down and, oh my soul, so weary;
當我失落的時候，噢，我的靈魂，感到多麼的疲倦；

When troubles come and my heart burdened be;
當有困難的時候，重擔壓在我的心；

Then, I am still and wait here in the silence,
然而，我在靜默中等候，

Until you come and sit awhile with me.
直到你來，讓我休息片時。

You raise me up, so I can stand on mountains;
你鼓舞了我，所以我能站在羣山頂端；

You raise me up, to walk on stormy seas;
你鼓舞了我，讓我能走過狂風暴浪；

I am strong, when I am on your shoulders;
當我靠在你的肩上時，我變得堅強；

You raise me up...To more than I can be.
你鼓舞了我……讓我能超越。

YouTube：https://www.youtube.com/watch?v=9bxc9hbwkkw&list=PLEB2B84874AD4DEF0&index=8

經驗回顧 —— 自省行動

「領袖素質」對你又有些什麼獨特的信息呢？

1. 列出當一位領袖的好處。

2. 列出當一位領袖的難處。

3. 如果有選擇的機會，你會作領袖抑或跟隨者？

4. 選擇一位你所欣賞的領袖，記下他 / 她所具備的領袖素質。

註 1：http://www.infed.org/leadership/traditional_leadership.htm

TEAM BUILDING

什麼是團隊？在你的觀察或認識中，什麼隊伍是最出色的團隊？Google？Apple？我們最親的家庭成員，算是團隊嗎？茶餐廳的職工，從樓面夥計、水吧、清潔、收銀等組合而成的，算是團隊嗎？

主題概述

在《國語辭典》中，團隊精神是指「個人對團隊所保持的一種榮譽心和向心力，以達成該團體的共同目標和使命」。中國文化中確有不少鼓勵我們與人合作的諺語，如：三個臭皮匠，勝過一個諸葛亮、團結就是力量，也有很多相關的詞彙，包括：羣策羣力、集思廣益、攜手合作、同心協力、守望相助等等，可見團隊精神的重要性。

踏進 21 世紀，我們再難以單一的專業知識或技能面對新挑戰；**我們正處於一個「網絡與夥伴」(networking and partnership) 的世代，是一個人際接觸頻繁、跨專業合作和交流的年代**，故此有更多的工作小組、專家小組以集體的智慧和專才，從不同的角度和知識回應社會需要。

chapter 8

團隊建立的五大元素

第一次參加野外營會活動時，最令我感動的是重新發現自己，以及營會中顯示的團隊精神。團隊精神不單能激勵我完成活動的各項任務，還影響到我在日後開展了歷奇輔導工作。我把當天的觀察整理，發現營會隊工具備了以下五項重要元素：

1. **共同目標，集體承擔**——每位隊員均清楚團隊的整體目標、方向、策略和行動。各隊員同作決定，但分工清晰。組長集中於召集或協調的角色，隊員或帶領程序或準備物資，全民皆兵，承擔不同的角色和責任，務求各展所長。

2. **具歸屬感，同心協力**——責任由整隊承擔，各人竭盡所能、手足情深，貢獻自己的資源（資訊、金錢、時間、空間、器材、物資或才能），眾人全力以赴，為的是完成任務 / 理想，流露出互相信任、尊重差異、彼此激勵和配搭的元素。

3. **積極回應，有效完成**——當團隊內出現問題或發生衝突誤會時，全隊能以開放和坦誠的態度一起面對；又能按情況作出修訂，樂意接受轉變。故此，整體工作甚具效率，絕無因隊工要轉變協調而拖延或停頓，顯示他們有效率的溝通、解難、決策及落實的素質。

4. **彼此肯定，相互成長**——過程中展示出各成員所具備的獨特素質，能以提供多角度的意見，開拓個人的視野，正是彼此學習的對象。任務完成後除了一起慶祝之外，更彼此給予欣賞和肯定的回應，激勵眾人的心。

5. **凝聚關係，承傳經驗**——完成任務只是他們團隊其中的一部分，重要的是凝聚團隊關係，因他們相信唯有建立團隊的關係，才能為未來的任務建立成功的基礎。就算今次不能夠完成任務，將來加入新的成員，也可刺激團隊的發展。

問心一句——建立團隊的挑戰

一．建立團隊可一拍即合？

團隊能一拍即合而成，是絕無僅有的奇蹟！在小組理論和項目設計流程的原則中，從認識隊友發展到建立團隊關係是要經過一個過程，才能達致羣策羣力和互相配合的階段。小組的進程大致分為以下四個階段（見圖 8.1）：

圖 8.1 小組進程各階段

階段	組員的行為表徵	工作者任務	工作者介入程度
形成期 (Forming Stage)	• 充滿期待； • 不確定是否能與團隊融合； • 陌生、緊張； • 被動、小心謹慎； • 避免衝突； • 處於觀望、探索團隊的方向和界限。	• 幫助組員彼此認識； • 提供開放和接納的氣氛； • 建立初步信任； • 分享大家的期望； • 提供 / 尋求共同目標和方向； • 協議。	主導
風暴期 (Storming Stage)	• 各人尋找自己的位置； • 敢於表達自己的意見； • 容易產生衝突； • 自我防衛； • 權力爭戰； • 挑戰； • 質疑較早前的決定。	• 尊重和接納不同的意見； • 引導組員以正面的態度，回應不同的意見； • 分工合作，提供參與的機會和承擔團體內的任務； • 讓團體學習解決問題； • 阻止出現破壞性的行為或言語。	共同協作
準則期 (Norming Stage)	• 凝聚力強； • 彼此信任； • 關係良好； • 角色清晰； • 互相支持合作； • 主動分享； • 願意承擔； • 建設性批評； • 清晰的共同目標。	• 鼓勵組員分擔領袖的角色； • 由組員自行分擔組內的任務； • 聚焦：提醒團隊的任務以配合所訂定目標； • 接受不同的處理方法； • 讓團隊自行解決問題； • 容許修訂規範； • 分享資料，讓團隊獲得合適的資源； • 協助團隊以較有系統的方法完成任務。	指引
履行期 (Performing Stage)	• 全情投入； • 貢獻自己； • 各展所長； • 接納不同的意見； • 富創作力； • 關係密切； • 履行目標。	• 督導團隊履行任務； • 支援及鼓勵團隊承擔責任，以邁向獨立自主； • 貢獻所長； • 給予支持和肯定； • 提供資源以達成目標； • 協助檢視目標的達成及前瞻未來。	放手

資料來源：Scholtes, P.（1988）. The Team Handbook. Madison, WI: Joiner Associates Inc.

團隊精神並不是自然而生的，乃要刻意建立和培養出來。作為工作者，認識和掌握團體不同階段的特性，才可有效啟導團隊發揮其潛力，引導隊員邁向成長和成功之路。不同的團隊組合和性質，經歷以上每一階段的時間長短不一，發生的次序也不盡相同，甚至不是按先後次序而出現，需要工作者敏鋭調節和平衡。例如海嘯災難後，不同地區的救援組織及義工前往災場協助，需要在短時間內組合而成，故沒有太多時間彼此認識、建立信任的關係，即要投入參與救援。因此，工作者先要尊重每個團隊都有其特性，不斷評估團隊的進展，以作出恰當的介入和引導。

二．團隊精神＝意見一致？

羣體的目標和方向需要清晰和一致，但如何達成，卻有不同的意見。在羣體探索的階段內，我們更需要不同的意見來收集不同的可行性，以致可以修訂達致目標的途徑。

有些人誤以為「非我族類，其心必異」，然而，團體建立的重要元素之一，就是學習如何接納不同的意見；時而據理力爭，時而游説對方接受自己的看法。我認為，更寶貴的是可以從不同的意見來檢視狀況，無論結果怎樣，最大的學習往往是在討論的過程中，啟發了我們的思考和認識。

要留意的是避免空泛討論。有些討論很容易落入為討論而討論的陷阱，是很無聊的事情。若遇上好辯或強辭奪理的人，便容易消磨了光陰，陷於萬劫不復的低谷中。因此討論亦要設定期或時限，如政府諮詢民意時會定出期限；另外也應要求提意見者須要具備專業的知識以及能提出可實踐的意見等。

最重要是，我們該以尊重的態度來面對不同意見，那麼我們便能平和及正面的給予回應。

三．建立永恆不變的團隊？

團隊如一個生命的歷程，由孕育、出生、成長、獨立自主、離巢闖蕩、各自發展，到建立新家庭、繁衍下一代，這是一個健康的發展過程。

我曾出席一個團體成立 25 周年紀念的聚會，相約當年戰友回巢慶祝和聚舊，細數當年「埋身肉搏」的日子。我們現在各散東西，因着不同的發展和召喚而再沒有一起合作，但分離反而叫我們能各自各精彩，今天在不同的崗位上發揮各自獨特的專長和影響力，這是上主給我們的祝福！

雖然 25 年前這個夢幻組合並沒有維持下來，但當「老家」有需要時，各人便會拔刀相助。有一次，一位懷孕的戰友從市區駕車到西貢郊野探望我們，並帶來支援物資。雖然她身體上有限制，不能與我一同在前線工作，但重要的是她覺得有份參與其中，所以不計較路途遙遠前來表示支持。就是這份情誼深深維繫着我們這班小夥子，我們珍惜每次相聚的機會，因為我們曾一同經歷成長。

有些羣體勉力維持，但固守過往的目標、方向和模式，隨着時日變遷、世情改變，整個羣體就會追趕不上，停滯不前。即使保持定期聚會，但若缺乏明確路向，令成員的熱情轉淡；另一方面，成員各有要事在身，或有其他更吸引的羣體出現，便逐漸流失，羣體亦因而瓦解。有些糾纏不清的羣體，更會勉強成員留下繼續經營，令成員的身心靈也沉重不堪！

其實天下無不散之筵席，分離也許正是再生的開始！

受教時刻——建立羣體的歸屬感

以下介紹的十個解說項目，有助建立「網絡與夥伴」的關係。工作者解說時的提問重點應在於：

重點發問

- 事實：大家怎樣羣策羣力作出貢獻，令任務得以完成？
- 感受：在合作過程中，最令你興奮 / 沉重的是什麼時候？
- 發現：這個團隊有什麼最強的地方？請舉例說明。
- 將來：團隊在未來繼續合作時，有什麼地方需要改善？

1　團隊你・我・他

體驗目的

以擺放橡皮圈的距離，讓成員表達他們與小組的團隊關係。

運用步驟

1. 請組員按團隊一起經歷、觀察和感覺，量化與團隊關係距離，將橡皮圈按親疏擺放，關係緊密則放在較近位置，關係疏離就把物件放於遠離位置；
2. 輪流分享彼此之間團隊關係。

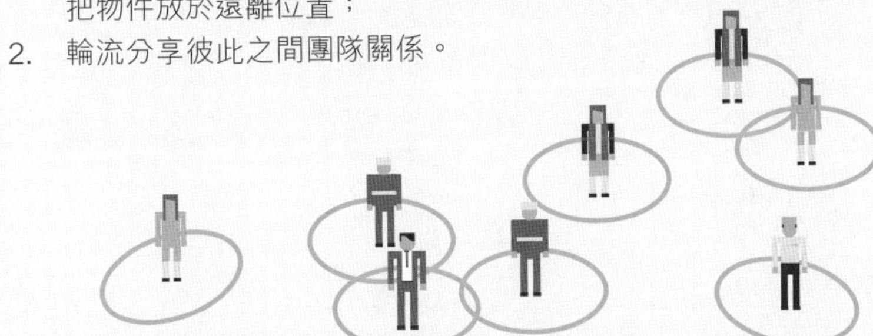

整理經驗

- ♦ 誰與你最近 / 較遠？什麼使你們這麼近 / 那麼遠？
- ♥ 你滿意這樣的距離？你會怎樣形容你們之間的關係？
- ♠ 你發現自己在團隊中處於的位置是……？原因？
- ♣ 若有機會重組彼此之間距離，你會如何重新擺放？

走進教室

班主任課 / 球隊 / 大哥哥大姐姐計劃 / 領袖生訓練計劃等活動

40 位同學常在一起，是名符其實的團隊，但當中每一位的向心力如何？這個活動可讓同學表達對羣體的感覺，及自己在當中的位置。教師可在黑板上畫一個大圈，團隊的核心在中央，問他們距離這個團隊有多遠。同學可分組出來表達，若位置有限，則可邀請他們在工作紙上畫。此活動可在學年中期進行。

材料：物件可選擇石塊 / 樹枝 / 木衣夾 / 波子 / 身上物件 / 獨立包裝糖果 / 小吃等。

場地： 

時間：30分鐘

2 團隊優秀展

體驗目的

設計團隊展覽內容，發掘團隊優點，從而激勵團結合一的精神。

運用步驟

1. 每人一小卡，寫下團隊值得推介的優點。
2. 組員輪流分享。
3. 排列和整合共同確認的內容。
4. 製作展板，美化和修飾內容。

整理經驗

♦ 大家有何貢獻，以致能製作出這塊展板？

♥ 對彼此之間默契，你的滿足度數（最高 10 分，最低 1 分）有多少？

♠ 從展板中，你發現團隊共有哪些優秀和互補之處？

♣ 邁步向前，我們需要多做些什麼，才能達至理想的團隊？

走進教室

通識教育科 / 公民教育科

這是個收集大家意見及看法的互動項目。大家交換意見，經過思考後評分，對團隊精神這課題應有較深的了解。

材料：白紙及筆。

場地：

時間：30分鐘

3 百節各按各職

體驗目的

團隊就如人的身體，由不同部分組成。透過身體的圖像，表揚成員各有不同的專長和貢獻，從而催化各人繼續齊心協力，發揮團隊合一的精神。

運用步驟

1. 把六張身體不同部位的圖像，分散擺放於枱面上。播放音樂。
2. 請組員在場內漫步，安靜欣賞音樂及回顧與隊工一起的經驗。
3. 請組員選擇其中一個圖像，代表自己曾經貢獻的專長。當音樂停止時，請站在選擇之圖像旁。
4. 然後輪流分享選擇的圖像。
5. 若時間許可，可再來兩個循環。

整理經驗

- ♦ 最多組員選擇哪一部分？原因是……
- ♥ 你滿意團隊 / 自己的貢獻嗎？
- ♠ 你發現團隊組員如何發揮各人所長？
- ♣ 還有其他部分，團隊仍需要發展的是……？

走進教室

球隊 / 大哥哥大姐姐計劃 / 領袖生訓練計劃等活動

這活動以身體不同部位比喻作一個羣體，同學可以此來表達自己在學校中的不同位置，是個不錯的比喻。

材料：六張身體不同部位的圖片（參考頁138）、輕鬆愉快音樂及音樂播放器材。

場地： 

時間：30分鐘

圖 8.2 身體不同部位圖

眼	我們團隊的目標 / 方向 / 遠象是什麼？ 觀察到我們這個團隊有何優點或不足之處？
耳	我們的團隊能否聆聽每一位成員的意見？ 我們的團隊如何能有效聆聽每一位成員的意見？
手	誰是我們團隊的「管家」？ 我們能否彼此幫忙？
腳	團隊的足迹 / 路徑是怎樣？ 誰引領着團隊前行？
腦	我們團隊的決策過程是怎樣？ 我們團隊如何理性地回應需要？
心	我們團隊的核心是……？ 在我們的團隊中，有誰能與你交心？

4 我們的掌印

體驗目的

以繪畫掌印來總結團隊重要的事項或情境，重新調節彼此的合一精神。

運用步驟

1. 每人派發一支畫筆，請他們在大畫紙上繪畫自己的掌印。
2. 安靜回顧，列出羣體能夠携手同心合作的十項要點，寫在掌印的指頭上。
3. 彼此分享。

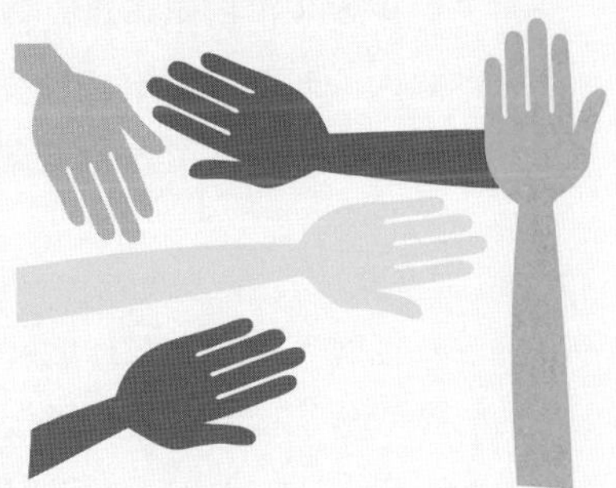

整理經驗

♦ 排列團隊優點優先次序……
♥ 我們的凝聚力有多少（高度 / 中度 / 低度……）？
♠ 我們各人貢獻了什麼，才出現掌印上的十項要點？
♣ 我們的團隊將要怎樣延續，才能達成共同目標和使命？

走進教室

學生會團隊 / 劇團 / 辯論隊等營會中

這活動以掌印代表整個羣體走過的軌迹，適合於羣體在認識期及以後的時期進行，如兩年甘苦與共的學生會團隊、三年來千瘡百孔的辯論隊、五年經歷得與失的劇團……。大家回顧和整理一些集體回憶，可重建對羣體的歸屬感及凝聚力，重燃向前的決心。此活動因要較長時間進行，適宜在訓練營會中使用。

材料：大畫紙、筆。

場地： 

時間：30分鐘

chapter 8

5 團隊造型

體驗目的	以團隊造型總結合一精神。
運用步驟	1. 用 10 分鐘時間討論團隊內合一團結的素質。 2. 選取一個造型，例如：風車、汽車、機器等，代表團隊發揮的素質。如果是人形則由組員自行創作。 3. 若是幾組人一起，可輪流觀賞及分享有關的素質。 4. 為大家所擁有的素質歡呼及讚賞。
整理經驗	♦ 這個造型代表了團隊什麼狀態？ ♥ 能夠成為團隊一員，你有什麼觸動説話想同大家講？ ♠ 我們的團隊是怎樣啟動其中默契和配搭？ ♣ 下一步，大家如何延續彼此之間已建立的團隊精神？
走進教室	**成長營 / 領袖訓練營會** 一個具震撼力的造型，可道出大家共同的感受，也引起大家的會心微笑。這活動亦適合作為一些成長、領袖訓練營會的破冰活動，如請眾人表達一個期望的團隊，讓大家有共同目標和方向。不過活動前宜安排一些熱身遊戲，讓同學先熟絡，才會更投入表達。

材料：按造型的需要安排。

場地： 

時間：30分鐘

6 VIP 到訪

體驗目的

設計一輯向到訪 VIP 匯報內容，藉此總結團隊重要的事項或情境，並重新調節彼此的合一精神。

運用步驟

1. 把一張 VIP 坐椅放在小組內。
2. 請成員先選擇一位最想邀請的 VIP，如：父母、伴侶、好朋友、老闆、上司、老師、火星人、5 歲的小朋友、記者、顧客等。想像這位 VIP 就坐在空椅上。
3. 輪流將團隊重要的事項或情境向 VIP 匯報。
4. 總結分享的事件有何相近及需要改善之處。

整理經驗

♦ 匯報內容中，你最深刻的是哪個情境或哪件事情？
♥ 作為團隊一員，你感覺到……
♠ 透過匯報，你發現團隊是怎樣建立起來？
♣ 你期望 VIP 能給予你們怎麼樣的回應？

走進教室

班主任課 / 公民教育科

此活動適合初中的同學運用其想像力，向 VIP 及隊友表達團體精神的重要性及要點。老師可將重點寫在黑板上，鼓勵同學在未來一年內努力實踐。

材料：草稿紙、筆、椅子。

場地： 

時間：30分鐘

7 團隊要素

體驗目的	揀選小卡，發現團隊具備的要素。
運用步驟	1. 將團隊要素小卡放在小組中央。 2. 請全組成員討論及選擇五張小卡，代表團隊表現最強的五項要素。 3. 輪流分享他們的選擇及其原因。
整理經驗	♦ 什麼吸引你選擇了手上的五種團隊素質？ ♥ 擁有這些要素，使你回味到…… ♠ 我們團隊能發揮這些要素，主要原因是…… ♣ 我們仍需要發展的素質是……
走進教室	**通識課 / 公民教育科** 此活動可在班房內分組進行。同學分別選出五項團隊要素，然後在大班中匯報。討論這些要素時容易流於思考層次，故鼓勵同學在討論時，以他們的實際經驗説明實踐時的情況。老師亦可先分享以往的成功或失敗例子，讓同學深化此課題的內容。

材料：團隊要素小卡（參考頁143）。

（亦可參考 Strengths in Teams，這是一套頗為精緻和傳神的圖片（A4 Size），主題正配合團隊精神的要素，適合於解説時應用。可於網上訂購，可瀏覽以下網址：http://www.innovativeresources.org/resources/card-sets/strengths-in-teams）

場地：  

時間：30分鐘

圖 8.3 團隊要素小卡

歸屬感	盼望	委身	寬恕
領導	溝通	真誠	專注
韌力	紀律	多元化	活力
決策力	合作	忠誠	創意
勇敢	技能	目標	尊重
合一	歡愉	決心	展望
鼓勵	挑戰	慶賀	信任

8 團隊業績

體驗目的

以測量表檢視及了解團隊之間的隊工狀況，重新調節彼此的合一精神。

運用步驟

1. 每人獲分派一張團隊業績量表。場內播放音樂。
2. 組員按自己的觀察和經歷填寫。
3. 逐點輪流分享。
4. 總結全組的看法。
5. 若是正面，提出建議慶祝的方式；若仍須努力，邀請各人提出建議改善。

整理經驗

♦ 在 12 個元素中，哪一個元素對你是最重要的？
♥ 團隊發展至這個階段，你滿意團隊得分結果嗎？
♠ 團隊最強的是哪一項？原因是……
♣ 你認為團隊在哪一項仍要多努力，去幫助我們達至完滿呢？

變化

可把團隊業績量表列出的 12 項元素取出來，讓每位學員從 12 項元素中再選出最重要的 5 項元素。請學員把選擇的 5 項排列優先次序，1 為最重要。最後組員輪流分享及總結全組的評價。

走進教室

班主任課 / 通識課

此活動與「團隊要素」類同。同學填完問卷後，老師以近日班中發生的事件作例子，可取一、兩題與同學深入討論，並邀請同學發表意見。討論這些項目時，同學容易流於空泛之談，故此教師可再三問清楚，例如：有什麼真實例子説明「鼓勵和支持成員接受挑戰」。將一些理念實踐於生活中，是每個人一生的挑戰。

材料：團隊業績量表（參考頁145）、輕鬆愉快音樂及音樂播放器材。

場地：  

時間：30分鐘

圖 8.4 團隊業績量表

項目	經常	多數	有時	很少	從不
	5	4	3	2	1
1. 團隊具備共同的目標					
2. 彼此支持、信任					
3. 有效溝通：清楚傳遞彼此的想法、專注聆聽、鼓勵和接納不同的意見					
4. 正面和公開處理團隊內的衝突和矛盾					
5. 團隊建立是我們首要的和重視的工作					
6. 鼓勵和支持與成員接受挑戰					
7. 共同合作是團隊與成員尋求雙贏的基礎					
8. 各盡其職，如同一人向着目標共同努力					
9. 不斷奮進，力求更新					
10.共同分擔帶領責任					
11.團隊產生自己的規範和價值觀，促進成員一起合作					
12.共同承擔結果					
總分：					

參考資料：Nadler, Reldans & Lucker, John L.（1992）. Processing The Experience: Strategies to enhance and generalize learning. U.S.A.: Kendall/Hunt Publishing Co. p. 245.

9 團隊拼湊圖

體驗目的	選擇團隊內各人的心迹，讓成員整理團隊的整體利益。
運用步驟	1. 分派顏色小卡片及顏色筆。 2. 安靜 5 至 10 分鐘，讓組員回望隊工發展的進程及對團隊的看法，寫在顏色小卡片上。 3. 組員輪流分享，並將小卡片拼在一起，貼在大畫紙上。 4. 若是正面，提出建議慶祝的方式；若仍需努力，邀請各人提出建議改善。
整理經驗	♦ 是什麼原因使你們選擇這個句子，來描述大家的貢獻？ ♥ 能夠成團隊一分子，最感動你的是…… ♠ 在這個團隊中，大家學習 / 收穫最多的是什麼？ ♣ 未來，你期待這個團隊如何羣策羣力？
走進教室	**領袖訓練營會活動** 這活動適合一些成長、領袖訓練營會的小組建立項目。請組員寫出他們期望的團隊的模樣，讓大家有共同目標和方向。若在班中進行，則適宜分小組先討論，然後再匯報，老師寫在黑板上總結及整理。

材料：大海報紙及顏色筆。

場地：

時間：30分鐘

10　5 分鐘剪影

體驗目的	把團隊的重要片段剪輯，讓隊員整理團隊的進程。
運用步驟	1. 邀請一位攝影師將過程攝錄。 2. 由成員選取其中一個最具代表性的片段，然後播放。 3. 分享各人選擇的原因及補充該片段的資料。
整理經驗	♦ 什麼原因，使你們揀選這一個片段？ ♥ 這一幕，使你最回味的是…… ♠ 看完剪片，大家對這個團隊有何新的認識？ ♣ 再有機會重拍的時候，你們會作何修改？
走進教室	**戶外全方位學習** 真正的學習不應限於課室內，也應多運用校外資源，讓學習更多元化。這活動適合一些戶外學習的處境中進行，把活動經過拍攝下來，之後播放，以另一角度看自己的團隊表現，將有意想不到的效果。最理想是同學看完影像重播後，寫下一些對自己及團隊的反思，也可運用「團隊業績量表」（參考頁 145）。此活動讓學生更具體的重溫每一環節，很有果效。老師若引領討論及提供延續的學習，如：提供校內或社區服務的機會，必加速學生的應用和學習的機會。

材料：攝錄機、電腦剪輯及LCD放映機。

場地：

時間：60分鐘

經驗回顧——自省行動

「團隊精神」對你而言有些什麼獨特的體會或感受呢？

1. 現時你參與了哪些團隊？

____

____

2. 在其中，你的角色是……

____

____

3. 我們參與過不少的團隊，哪一個團隊令你印象最深刻？你對該團隊的投入程度如何？對你帶來哪些影響？

團隊名稱：______________________________

____

崗　　位：______________________________

____

評　　價：______________________________

____

____

____

____

____

團隊名稱：

崗　　位：

評　　價：

團隊名稱：

崗　　位：

評　　價：

COMMUNICATION

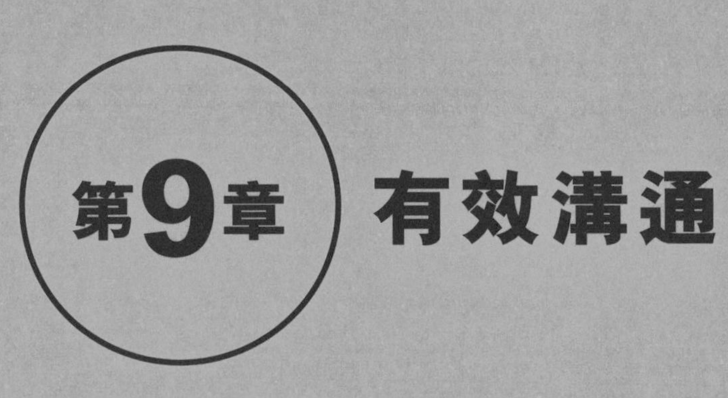

第9章 有效溝通

英文 Communication 一字源於希臘文，有傳情達意，交換彼此的意念、感受與態度的意思，除了要讓人明白，更要互相回饋。所以，**溝通的目的在於去除發訊人和收訊人的阻礙，令信息可藉着適當的渠道暢通無阻地傳達**（見下圖）。

圖 9.1 暢通無阻的溝通

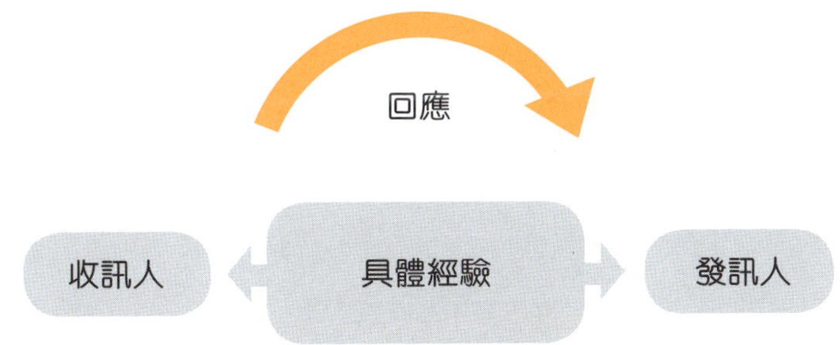

主題概述

人際溝通是一種信息交流的過程，可藉由文字、圖像、語言、表情、動作等媒介，在人與人之間產生互動。《為什麼我不敢告訴你我是誰？》一書的作者 John Powell 提到，人際溝通可分為幾個層次：

1. **破壞性溝通**——利用不同渠道傳達破壞性的溝通，使別人在其中受害。

2. **陳腔濫調的溝通**——在一般社交中出現的膚淺及虛假的溝通。

3. **傳講他人的溝通**——在人際溝通中講論對其他人的看法和見解。

4. **分享自己思想的溝通**——分享自己對事情的看法、思考和見解。

5. **分享自己感受的溝通**——雙方分享和表達對自己的感受。

6. **肝膽相照的溝通**——能真誠表達自己和對對方的感受，心靈有深入交流。

傳遞信息之外

青少年擁有良好溝通技巧，可有較佳的人際關係，容易與人建立友誼。缺乏溝通技巧，則在人際關係中容易碰釘，影響自信心，嚴重的更可能抽離社羣。**作為青少年工作者，若能多掌握與青少年溝通的技巧，可有效與青少年交心，協助他們成長。**

若以社會學家提出「鏡中我」（Looking-glass Self）的概念來理解，就更明白溝通對個人成長的重要性。在人際溝通中，別人對我們的真誠回饋，就如一面另類鏡子，給我們檢察自己的行為，從而可作出改變和修正。假若老師多稱讚青少年的言行，青少年亦可從過往扭曲的自我形象中逐漸改變過來。

湯瑪斯高登（Thomas Gordon）在《教師效能訓練》一書中曾提醒老師，有效與學生溝通有助建立師生關係，故此老師的說話技巧極其重要。現實治療學派大師威廉葛拉瑟（William Glasser）提倡的「選擇理論」（Choice Theory）指出，很多時候人與人之關係往往遭一些外控心理學（external psychology）破壞，我們滿以為使用「溝通惡習慣」可令他人就範，但對方卻因此懼怕或不能滿足需要，結果不肯再與自己溝通。相反，我們若刻意使用「溝通好習慣」作為溝通的基礎，雙方的關係就可和諧愉快。

圖 9.2 溝通好習慣與溝通惡習慣內容

溝通好習慣Seven Caring Habits	溝通惡習慣Seven Deadly Habits
• 支持 supporting • 鼓勵 encouraging • 聆聽 listening • 接納 accepting • 信任 trusting • 尊重 respecting • 協商 negotiating differences	• 挑剔 criticizing • 指責 blaming • 埋怨 complaining • 嘮叨 nagging • 威嚇 threatening • 懲罰 punishing • 賄賂或用獎賞來操控 bribing or rewarding to control

面向21世紀的情況，溝通方法主要是網絡型的，傳遞的方法是多元而互動的。梁永泰博士在《新領袖DNA》一書內指出，新世紀的溝通技巧至少有四方面，為青少年工作者帶來啟發：

1. **講故事的能力**——尤其以多角度、多視點講故事。
2. **聆聽的能力**——聆聽比説話更重要。
3. **提問的能力**——發問比答問題更重要。
4. **與公眾對話的能力**——能與公眾對話要比單方面傳講信息更重要。

在此補充一點，除了與人溝通外，與自己的心靈對話、與神溝通，也是滋養自己、與內在的自己和諧相處之道。聆聽自己和從上而來的聲音，使我們更明白為何要溝通，以及自己真正的需要是什麼。

問心一句——人際溝通的挑戰

一．對方封閉，怎麼辦？

基本上，我們不能強迫他人與自己溝通，若非出於情願，溝通可能只是敷衍了事。很多時候，老師或社工都投訴同學在小組內不肯與組員溝通。我想，組員不肯與別人溝通可能是：

- 「不懂」用什麼詞彙表達自己的想法和內心感受；
- 「不知」自己有什麼想法和感受；
- 「不想」向組員 / 導師表達想法和感受；
- 一些只有自己才知道的原因；
- 其他原因。

首兩項「不懂」和「不知」牽涉學員自我表達及自我覺察的能力，較容易解決，只要用一些威脅性較少的工具（如圖片、繩子、情緒卡），就可協助他們表達自己的感受，工作者也可以提問方式引導他們講出自己的感覺。第三項「不想」則是動機的問題，可能是組員感到沒趣、無聊，不想表達。**工作者需要了解他們真正「不想」的原因，慢慢與他們建立關係，深入了解、真心聆聽，才有機會開啟與他們溝通之門。**

二．願意溝通就再沒障礙？

傳達信息的過程中，常出現一些障礙和問題。我們都玩過一個「以訛傳訛」的遊戲吧。若信息又長又複雜，很容易會在傳遞過程中出錯；若信息經多人傳達，出錯機會亦很大。所以，為確保溝通清楚、準確無誤，聆聽和回應技巧都極其重要。

聆聽者要放下判斷，從對方的角度理解事情對他的意義，切勿以偏概全；也要留意對方非語言的表達，如姿態、表情、動作……，這些都表達了一些信息。聆聽者在適當的時候回應，可重複一些對方的感受，以確認收到的信息，也讓對方知道你在聆聽，正嘗試明白他的處境。

要在小組成員間達致有效溝通，導師要發揮領導的角色，引導組員在安全的情況下，將一些小組隱藏的問題表達出來。若問題一直得不到解決，則可能會阻礙小組的發展和組員之間的信任。

三・無言無語也可溝通？

籠統來説，溝通方式分三大類：文字語言溝通、非語言溝通以及圖像或符號溝通。

運用解説活動時，我們除可使用「4F」解説技巧（言語溝通）、心靈札記（文字溝通）來引發青少年理解自己的經驗外，還可以定格動作協助他們去表達內心感受（非語言溝通），這對抗拒文字的學生較合適。此外，也可運用圖片、圖像（如天氣圖、動物圖等）或符號，讓學員表達自己內心的感受和經歷。

四・溝通心法

羅哲斯（Carl Rogers）常提醒助人者，溝通除了講求技巧外，也應具備以下三種素質：

1. **真誠**——以真誠的態度與青少年分享，包括你的掙扎、此時此刻的感受。

2. **接納和信任**——用接納的心去面對他們的行為，也用信任的態度接受他們的承諾。

3. **同理心**——代入青少年的內心世界，易地而處，體會他們的感受。

這三項素質是你的信念和價值嗎？你願意以開放的心與青少年溝通嗎？

受教時刻——建立真誠的回饋

以下介紹的十個解說項目，是以「鏡中我」的概念，協助青少年檢視自己溝通與聆聽的情況。故此工作者解說時的提問重點應在於：

重點發問

- 事實：請指出哪種是你們最有效交流意見的情境？
- 感受：當你表達意見時，你的心情如何？當你無法了解對方 / 被了解時，你的感覺如何？
- 發現：你學習到哪些可以增強自己溝通的技巧？
- 將來：如何進一步加強彼此之間的溝通？

1 Q版襟章

體驗目的	組員以襟章表達想學習欣賞，藉此學習互相溝通。
運用步驟	1. 兩人一組。 2. 每位選一個襟章，代表自己期望值得欣賞的素質。 3. 每位與夥伴互相分享 5 分鐘。 4. 提醒各位遵行聆聽守則：尊重、專注、簡短回應。
整理經驗	♦ 你期望值得欣賞的素質是…… ♥ 當你被欣賞時，你有何反應？ ♠ 有什麼因素促進你表達自己或聆聽對方的分享呢？（環境安靜、對方樂於分享、引起共鳴……） ♣ 要多做一點什麼，才能促進我們之間的溝通呢？
走進教室	**成長活動** 課堂內，兩人小組的溝通易於安排及控制。同學可就題目自由分享。分享完畢，老師可請一至兩個小組互相匯報對方所分享的內容。另外，老師可按同學的特色和需要，自行製作襟章。

材料：Q版襟章若干個。

（例如火柴人系列的襟章印上有關性格、素質等內容）

場地： 

時間：20分鐘

2 立志宣言

體驗目的

幫助組員公開表達並肯定自己的學習和發現，立定心志繼續實踐，給其他組員鼓勵和支持自己。

運用步驟

1. 活動後，請參加者先安靜，將過程中的發現逐一寫在紙上。
2. 然後訂下如何實踐計劃，寫在立志卡上。
3. 請參加者逐一站起來，在眾人面前宣告訂下的計劃。

整理經驗

♦ 你的立志是……

♥ 向眾人表達自己的立志宣言有何感受？

♠ 你平日有機會向人分享心中所想的計劃嗎？

♣ 踏步向前，你需要大家怎樣支持你呢？

走進教室

領袖生 / 大哥哥大姐姐計劃等活動

領袖生或大哥哥大姐姐計劃一開始，同學寫下立志宣言，並向其他同學大聲朗讀，讓彼此清晰表達心聲。對宣讀者來說，在眾人面前表達是整理信息且內化的歷程，老師可把過程拍攝下來，在計劃完結時重溫，讓同學檢討、回顧及整理。

材料：立志卡（參考頁160）、紙和筆。

場地：

時間：20分鐘

圖 9.3 立志卡

我 的 立 志

我＿＿＿＿＿＿願意全心投入＿＿＿＿＿＿計劃，並立志：

＿＿＿＿＿＿＿＿＿＿＿＿＿＿＿＿＿＿＿＿＿＿＿＿＿＿＿＿＿＿

＿＿＿＿＿＿＿＿＿＿＿＿＿＿＿＿＿＿＿＿＿＿＿＿＿＿＿＿＿＿

＿＿＿＿＿＿＿＿＿＿＿＿＿＿＿＿＿＿＿＿＿＿＿＿＿＿＿＿＿＿

＿＿＿＿＿＿＿＿＿＿＿＿＿＿＿＿＿＿＿＿＿＿＿＿＿＿＿＿＿＿

＿＿＿＿＿＿＿＿＿＿＿＿＿＿＿＿＿＿＿＿＿＿＿＿＿＿＿＿＿＿

＿＿＿＿＿＿＿＿＿＿＿＿＿＿＿＿＿＿＿＿＿＿＿＿＿＿＿＿＿＿

＿＿＿＿＿＿＿＿＿＿＿＿＿＿＿＿＿＿＿＿＿＿＿＿＿＿＿＿＿＿

＿＿＿＿＿＿＿＿＿＿＿＿＿＿＿＿＿＿＿＿＿＿＿＿＿＿＿＿＿＿

＿＿＿＿＿＿＿＿＿＿＿＿＿＿＿＿＿＿＿＿＿＿＿＿＿＿＿＿＿＿

直至完成計劃為止
謹此立約，以表宏願！

立約人簽名：

見證人簽名：

日期：

3 傳情信封

體驗目的	組員間互傳心聲、信息，學習更有效之人際溝通。
運用步驟	1. 每人預備一個具個人特色的創意信封。 2. 每人分派若干卡片 / 小紙條。 3. 自由寫上對組員的回應和心聲。提醒各人要以建設性的回應為原則。 4. 把卡片 / 小紙條放入所屬組員的創意信封內。 5. 部分組員也許好奇心過重，會偷看其他組員的信封，工作者要提醒組員尊重他人私隱。
整理經驗	♦ 別人給你的回應，你同意嗎？ ♥ 當你收到組員回應時，感受如何？ ♠ 遇上了些什麼，使彼此有這樣的溝通模式？ ♣ 有哪些途徑，可以促進我們相互間的交流？
走進教室	**成長活動 / 營會** 基本上，每一個人都喜歡知道別人對自己的感受和回應。這個活動很受年輕人歡迎，因為這種溝通不太直接，富神秘感，所以大家都喜歡給人寫回應。要留意的是他們或會偷看其他人的信件，或者有同學寫些惡作劇的字句，故此在活動開始時，要先與同學訂立一些「黃金守則」，如：互相尊重、坦誠分享、尊重私隱、積極正面回應……。

材料：信紙、卡片、創意信封（可使用顏色手襪、襪子、設計紙袋）。

場地： 

時間：自由控制

4 我是誰？

體驗目的	組員互相交換角色卡，了解自己給他人留下什麼印象。
運用步驟	1. 可把角色卡製作成工作紙或圖片卡。 2. 四人一組，每位成員隨機抽出八張。 3. 按直覺輪流把角色卡交給最合適的組員。 4. 當該組員收到角色卡後，若覺得不適合自己，可繼續將它交給別人。 5. 約 10 分鐘後停止交換，每人最後有八張卡，輪流分享他們的觀察和感覺。
整理經驗	♦ 數點手上的角色卡，它們配合你個人的特質嗎？ ♥ 當收到喜歡 / 不喜歡的角色，感覺如何？ ♠ 什麼原因，你被形容為這些角色卡？ ♣ 若讓你捨棄三張角色卡，你會選擇哪三張？
走進教室	**成長課 / 公民教育活動** 每個人對他人都有一套直覺的看法，這種看法未必完全準確，卻可從他人的眼中窺看及了解自己給人留下哪種印象。這個活動適合在成長課、班主任課中進行，以四人一組，互相分享對他人的看法，藉此增進對自己的了解。

材料：角色卡（參考頁163）。

場地： 

時間：25分鐘

圖 9.4 角色卡

行動者	行政人員	挑戰者	擁護者
老師	大明星	跟隨者	藝術家
助手	運動員	救生員	臨時演員
保護者	訓導主任	米飯班主	歌手
牧師	照顧者	獨裁者	汽車司機
騙子	焦點人物	小丑	顧客
窮光蛋	教練	喜劇演員	競爭者
國王	環保人士	貢獻者	廚師
協調者	輔導員	老闆	舞蹈家
守門員	導演	醫生	夢想家
老人家	音樂家	廉政專員	警察
反對者	護士	偷心者	中立人士
管工	朋友	園丁	策劃者
英雄	家庭主婦	發起人	演講者
記者	全知音	工人	律師
領袖	推銷員	聆聽者	觀察者
侍應生	有錢人	維修工人	師傅

5 背後支持你

體驗目的

組員互相回應，可從別人眼中認識自己，對自己了解更多。

運用步驟

1. 將一張白紙貼在每個學員背後。
2. 學員走到其他人背後，在紙上寫下對他欣賞及覺得他有進步的地方。
3. 待全體人寫完後，最後由組員選出「最深刻的回應」、「最心甜的回應」、「最貼切的回應」、「最意外的回應」、「最不同意的回應」等等。如時間不充裕，則可選其中幾項分享。

整理經驗

♦ 你最喜歡哪些回應？
♥ 當你收到貼切 / 意外的回應時有何感受？有什麼想向寫回應的人說？
♠ 這些回應，令你重新認識自己些什麼？
♣ 有哪個回應，引發你作出行動來回應？

走進教室

成長活動、營會

這個活動與「傳情信封」有相同的目的，讓同學知道別人對自己的感受和回應。唯一不同的是這個活動有較多的身體接觸，表達更直接和溫馨，故適合一些彼此較有信任或較成熟的青少年。活動最好安排在較大的空間進行。

材料：白紙、顏色筆。

場地： 

時間：30分鐘

6 四季景致

體驗目的

以四季的景致來形容小組的進程，或個人學習的進展，幫助他們表達對小組的期望。

運用步驟

1. 可將四季景致的圖片製成工作紙或圖片卡。
2. 每位成員選擇其中一張最貼切形容小組此刻境況的圖片。
3. 輪流分享他們的觀察和感覺。

整理經驗

♦ 哪一個季節，最能貼切形容你身處小組的狀況？
♥ 哪一個季節，最能表達你對小組滿意的程度？
♠ 有什麼土壤 / 環境，使我們的小組常處於這一個季節？
♣ 你期望小組常處於哪一個季節？

走進教室

班會時段 / 班主任時間

基本上，四季景致可比喻為小組的不同階段，卻又可借用來形容同學的狀況。進行這個項目前，最好邀請同學在週記或心靈札記中，以季節的特色來描述班中的現況、期望的狀況。收集後，老師可初步統計，在班主任時間與同學分享結果或某些內容。這活動若在信任、坦誠的氣氛下進行，可凝聚全班同學，亦可讓同學對班內的問題或困難，有表達和溝通的機會。

材料：四季景致圖（參考頁166）。

場地： 

時間：30分鐘

圖 9.5 四季景致圖

四季的天氣和景致特色簡列如下：

春天

最美好、光明、璀璨的日子。

小組的階段

春回大地，防衛如冰雪溶解。

特點

信任建立、焦慮減少、小組開始向共同目標發展，關係穩步上揚。

夏天

最炎熱的季節。

小組的階段

熱情澎湃，充滿活力和動感，是小組的成長和豐收期。

特點

彼此信任達到高點、願意開放分享自己、願意冒險、關心其他成員和樂於貢獻自己。

秋天

氣候逐漸涼爽。

小組的階段

樹木枯黃，準備進入冬眠及靜止狀態。

特點

組員檢視成果，將整理得出的學習應用於日常生活中。在這階段有些小組會慶祝成長，有些會把學習轉往其他方面發展。

冬天

最寒冷的季節，需要穿着較厚和保暖的衣物。

小組的階段

防衛性較強，避免受寒。

特點

信任較低、容易焦慮、關係如土地冰硬，氣氛緊張。

7 分享摩天輪

體驗目的	組員互相表達在活動中不同的感受和片段，能增進對自我及羣體的了解。
運用步驟	1. 把分享項目製作成工作紙 / 小卡。 2. 每位組員抽一張，然後安靜思想 1 分鐘。 3. 組員輪流分享。 4. 當組員分享時，請所有人放下 / 反轉小卡，專心聽別人分享。
整理經驗	♦ 哪些句子，最能使你有機會暢所欲言？ ♥ 與其他組員最有共鳴的是…… ♠ 專心聆聽組員分享時，最需要具備什麼條件？ ♣ 再要表達自己 / 聆聽他人時，你要注視的是？
走進教室	**大型集體經驗活動後** 學校內常舉行不同的大型活動，如饑饉日、師生欣賞日、環保服裝設計大賽、啦啦隊比賽等，牽涉多人參與，都會給學生帶來不同的感受和深刻的體驗。羣眾間互動的學習經驗，亦常在過程中產生糾紛和爭執，因此這個解說項目適合在大型集體活動後進行。老師可請同學分小組或抽籤分享。

材料：將分享項目（參考頁168）製成小卡。

場地：

時間：30分鐘

圖 9.6 分享項目

在過程中， 我最深刻的三件事……	學習到的是……	最喜歡的是……
最不喜歡的是……	最深刻的是……	最難忘的是……
我的小改變是……	最震撼我的項目是……	最令我驚歎的 一個情境是……
最辛苦的是……	最希望改善的是……	與小組 最合拍的地方是……
我最喜歡的項目……	最「正」的是……	小組內 最值得欣賞的人是……
我期望……	最有成功感的經驗是……	對自己最大的發現是……
最完滿的是……	最有意義的是……	心靈最平靜的是……
我們的帶領者是……	最不開心的是……	最堅韌面對困境的 一幕是……
最難過的一刻是……	令我情緒最高漲的 一刻是……	我對小組的貢獻是……
使我感到自己 是有能力的是……	我想多謝的人是……	我要道歉的是……

8 人際溝通盒

體驗目的

在一段較長的活動後，讓組員互相表達對導師、小組組員、整體活動的回應，了解在過程中整體要面對的問題。

運用步驟

1. 先將組員分三組。
2. 每位組員獲派六張紙，按三方面（導師、小組組員、整體活動）寫下欣賞及改善的回應。
3. 寫完後，放入所屬的「欣賞」及「改善」兩個盒子內。
4. 從兩個盒子內平均抽出回應字條，分為三類（導師、小組組員、整體活動），每組負責一類，將回應寫在大畫紙上。
5. 完成後，把大畫紙放在地上，大家安靜巡迴圍着觀看。
6. 組員可就其他組員的回應，輪流分享他們的觀察和感覺。
7. 最後導師可對組員整體作出建議及回應。

整理經驗

♦ 最能暢所欲言，是哪一個項目呢？原因是？

♥ 當大家互相傳遞回應時，你最 high（興奮）/ down（低落）的是？

♠ 透過彼此回應，發現我們最佳的交流途徑是……

♣ 展望未來，如何鞏固我們之間的溝通管道？

走進教室

班會時段 / 班主任時間

此活動適合在開學一兩個月後或學期中段時進行。請同學按三方面（老師、全班同學、班會活動）作出欣賞及改善的回應。若老師已能與同學建立良好關係，此活動可引導同學有更佳的討論和思考空間。

材料：小紙張、兩個盒子、大畫紙、顏色筆。

場地：

時間：30分鐘

chapter 9

9 我的小時候

體驗目的

組員互相訪問在「小時候」的情況，了解大家在不同成長歷程中的事件及感受。

運用步驟

1. 每位組員派「記得小時候 Bingo 紙」一張。
2. 先在每格內填上各有關項目，然後找出其他做過相同事件的組員，在該格的圓圈內簽名。例如第二格內填上了「小學時最喜歡打排球」，則邀請其他也同樣在小學時最喜歡打排球的組員簽名。
3. 10 分鐘後，導師隨意抽出不同組員名字的字條。
4. 組員圈出已叫的名字，最快「過三關」（直行、橫行、斜行均圈了名字）即獲勝。
5. 最後，兩人一組分享其中三格的內容，及活動過程中的感受。
6. 鼓勵及提醒各人專心聆聽，並簡單回應對方。

整理經驗

- ♦ 誰得到最多的簽名？原因是：（主動、積極找人溝通、勇於嘗試等）
- ♥ 當你找到 / 找不到一個與你相同內容項目的組員時，你的反應是？
- ♠ 在哪種情況下，你最容易 / 困難表達自己？
- ♣ 在下次再與人交流時，我會嘗試如何進一步表達自己的想法和意見？

走進教室

成長課 / 德育課 / 班會時段

每位老師和同學都有其「我的小時候」。透過溝通，了解大家的童年趣事及回憶，有助增進彼此的關係，解除大家的防衛，增進同學的聆聽及回應技巧。此活動適合在學期開始的班主任課，並最好安排在校內一些較大空間的地方進行。

材料：記得小時候Bingo紙（參考頁171）、小紙條。

場地： 

時間：30分鐘

圖 9.7 記得小時候 Bingo 紙

最喜歡別人讚我＿＿＿＿＿	小學時最喜歡的是＿＿＿＿＿	上學最開心是＿＿＿＿＿
小學時最喜歡聽的歌是＿＿＿＿＿	小息時最喜歡吃＿＿＿＿＿	放學後最常去的地方是＿＿＿＿＿
曾做過一件幫助人的事＿＿＿＿＿	最不喜歡別人稱我為＿＿＿＿＿	在校中最光榮的一次是＿＿＿＿＿

10 鏡子 Q&A

體驗目的

組員憑直覺，推測對方的一些事及自我形象的分數，藉此引發組員討論「別人眼中的我」的問題，對自我有另一方面的認識（此活動適宜一些較有動機想去認識自己，及願意認真回應的組員）。

運用步驟

1. 每位組員獲派鏡子 Q&A 工作紙一張。
2. 兩人一組，相對而坐，但不要讓對方看到自己的答案。
3. 填寫後，大家交換看。
4. 最後互相分享：看見對方打的分數後有什麼感受？活動過程中有哪些感受？
5. 鼓勵組員勇於溝通，及澄清對方所表達的意思。聽完對方的話後亦要勇於分享自己真實的狀況。

整理經驗

♦ 收到對方給予分數，你最關注的是？
♥ 你喜歡別人眼中所描繪的自己嗎？
♠ 有什麼因素促進 / 妨礙你與人溝通和表達？
♣ 你計劃如何令自己順暢向人表達？

走進教室

通識課 / 成長課 / 德育課

建議同學找一些不太熟悉的同學分組。老師可改為讀出題目，同學會較專心。基本上，同學都很有興趣知道別人對他的看法，基於這點好奇，造就一個很好的溝通起點，讓彼此分享對別人及對自己的看法。

材料：鏡子Q&A工作紙（參考頁173）。

場地：

時間：35分鐘

圖 9.8 鏡子 Q&A 工作紙

找一位不太熟悉的同學。請以你的直覺、第一印象回答以下問題，分享你對這位同學的看法：

1. 他 / 她在兄弟姊妹之中排行第幾？ ______
2. 他 / 她在幼稚園至小學曾考第幾名（1-10）以內？ ______
3. 他 / 她在小學曾做過班長？ ______
4. 他 / 她在小學時曾經獲得的獎項（任何類型）：

______
______
______

5. 他 / 她除了學術以外，還有哪些專長（運動、音樂、美術等）？

______
______
______

請你用數字（1-10）表達「同意」和「不同意」的程度：
（極同意=10分，極不同意=0分）

6. 他 / 她是一個很受歡迎的人，很多人會找他/她傾談。 ______
7. 他 / 她是一個很主動、外向和有創意的人。 ______
8. 他 / 她對自己的學業成績很滿意。 ______
9. 他 / 她很滿意自己的外表（樣貌、身形、衣着等）。 ______
10. 他 / 她覺得自己是一個非常開心快樂的人。 ______

經驗回顧 —— 自省行動

「有效溝通」對你又有些什麼獨特的信息呢？

1. 與誰一起，最能令你暢所欲言？

2. 你們之間的溝通模式是怎樣的？

3. 你有一位心靈相通的密友嗎？

4. 與你心靈相通的密友，具備什麼特質或條件？

chapter
9

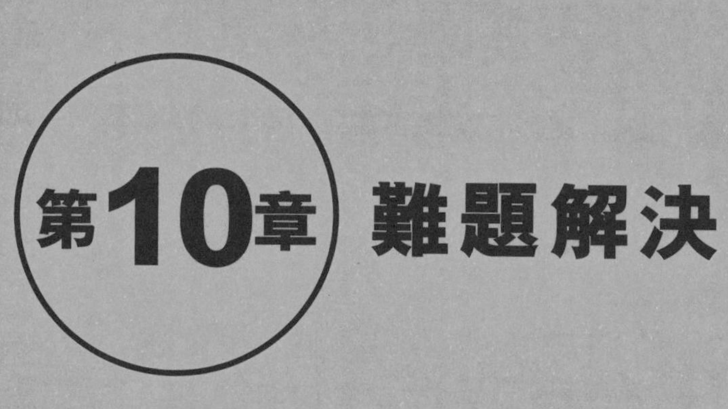

第10章 難題解決

PROBLEM SOLVING

日常生活中，我們會遇到無數需要解決難題的時候。輕則如在茶餐廳享受哪款早餐，重則如被公司裁員後如何另尋出路。前者，是無傷大雅的決定；後者，卻是深遠的影響。若解決難題的過程牽涉其他人，乃對自己的身心靈生活、家庭的和樂關係，以及所屬的羣體皆有舉足輕重的影響，並非一下子能解決，那麼抉擇就得格外用心。

主題概述

難題解決含有排難解紛之意，解難的人或可稱為魯仲連。典故出自戰國時期，魯仲連是齊國人，專愛替人排難解紛，卻不願為官。在現實生活中，我們每天也擔演魯仲連的角色，你同意嗎？

難題解決最常見的例子是數學科的程式計算，不同類的算術題都有其獨特的程式和不同的變數，最終的目的是要將算式相等。科學家牛頓不斷尋找蘋果從樹上掉落的原因，在解決這難題時頓悟出萬有引力的定律，對當代及後世的物理學有着深遠的影響。因此，**難題解決並不單是解決面前的困擾，往往對我們的生命或周遭事物有着重要的意義和祝福！**

解決難題的意義包括了：

- 接受人生困難 / 逆境是平常事；
- 辨認個人及專業的能力；
- 增強解決困難的能力和應付潛藏的壓力；

- 學習與人尋求共識；
- 改善與人溝通的技巧；
- 學習處理衝突；
- 學習以正面態度解決難題；
- 增加面對困難 / 逆境的能力和勇氣。

解決難題方程式

解決難題是一個尋找答案的過程，最終的目標是要身處的境況均衡安寧。與羣體一起解決難題時，可依據 SOLVED Model（Scott 1989）來處理。

一．提出問題（State of problem）

1. 以個人（我）表達對問題非批判的看法及感受。
2. 專注聆聽，了解羣體的觀點和感受，以避免互相產生不必要的憤恨、攻擊和防衛，而把事情惡化至不可收拾的地步。
3. 直接説出衝突和矛盾的要點，以免互相猜疑。
4. 與羣體一致辨明問題的所在、困境，及已嘗試的解決方案等。

二．開放討論（Open discussion）

1. 給予每位成員表達的意見和空間，讓羣體一起意識問題的所在，以致共同承擔責任。

2. 集思廣益之下，刺激大家創意思考，搜集不同的解決方案。

三．列出可行方案（List any possible solution）

1. 將羣體搜集而來的解決方案，逐一列出，以確認羣體接收的每一項意見。

2. 每一項意見都應被尊重和列入考慮之列，這有助羣體處於困境時，仍可保持互相信任和尊重的氣氛。

3. 列出可行方案，有助羣體整理有關資料；把相近的方案結連，將有距離的方案拉近聯繫。

四．否決不可行方案（Veto unacceptable solution）

1. 將每個方案的優點或不足之處逐一列出。

2. 按羣體與個人的目標、方向、意願、能力和資源的配合，選出較合適的方案。

3. 把方案的可行性排列優次。將最不可行的方案否決，以便集中考慮可行的方案。

五·檢視其他可行方案（Evaluate other solution）

1. 每個方案均有其優點或缺點，實行前先預計將會遇到的困難和障礙。
2. 評估大家所能接受的限度、承受的代價。

六·決定及採用可行方案（Decide and do the most acceptable and possible one）

1. 共同決定及採用一個可行方案。
2. 決定時，切忌施壓或游説其他人；每一位均有選擇權，每個人的決定都該被尊重。
3. 決定後，重申方案的內容、細則、實施的步驟、分工、結果等，讓羣體清晰掌握有關決定。
4. 信任每位參與者將承擔其責任。

解決過程時的反應

每個人解決難題時都有不同的反應，現嘗試分類如下。第一類反應是正向的，是理想羣體的成員素質，但通常遇到的是第二至第五類反應，又應如何面對呢？你的反應又屬於哪一類？

1. **永不言敗**——面對問題時，表現積極進取，盡可能以行動回應，直至達成目標。認識自己的能力和優點，懂得運用適當的方法及技巧去解決問題。這類人的人際關係良好，並且獲得信任。他們能清晰表達方案，並了解對方及自己的情緒和感覺，有助訂定未來計劃和解決問題的計劃。

2. **一走了之**——問題會帶來轉變中的不安和焦慮，的確難以面對，所以我們都想逃避。這是一種負面的態度。例如有人債台高築，卻突然間消聲匿迹，家人和朋友都不知發生什麼事情，甚至要代還巨債。有些成員也會悄悄轉換羣體組別，以逃避困擾，但原本的羣體卻可能會受影響而士氣低落。

3. **唯我獨尊**——其中一位或少數成員堅持自己所提出的方案，高傲自大，目空一切。他們用盡方法證明自己的方案是最合適的，而拒絕或壓制其他的意見，令同組成員沒有參與的機會。成員漸漸因遵照指示工作，成為例行公事，組內缺乏新意，甚或成為「一言堂」。

4. **置之度外**——將問題置於度外，把責任推卸給別人，對問題不加理會。例如學生把學習的問題歸咎教育制度、父母期望過高、老師教導不善等。員工把問題歸咎公司行政失誤、上司管理不善或同事失職禍延所致。這類人不會從自己的角度先行反省，亦不會學習如何承擔責任，羣體亦不敢委以重任。

5. **以死要脅**——自毀行為近年成為城市人解決問題的手段，以逃避面對困擾。有些青少年遇到家庭關係不和、學習困難、生活不適應或前途抉擇問題時，若結果並非他們所願，就離家出走、濫用藥物、性濫交、自我傷害等等。曾經接觸一位女童，她手上有三百多條疤痕，有些還有血滲出來，她的行為是因為無法面對當前的難題，結果問題並沒有解決，反而加添了更多的苦楚。

問心一句——排難解紛遇到更多困難？

解決難題的目標，就是把困難解決？各人的意見不一。因為，即使難題最後解決了，卻破壞了彼此的關係；而難題解決不了，即未能達成目標。如此境況又怎樣解決？

一．難題定能解決？

難題解決有兩個取向，一是目標取向（task-orientated），另外是過程取向（process-orientated）。目標取向，就是將問題解決定為最終的目標。過程取向就是把重點放在過程中，以認識自己、開闊視野、堅持信念、提升與人相處的技巧、面對困難的能力、思考方式、組織能力等等為最終的目標。

能夠解決問題，是眾人盡力的明證及皆大歡喜的結果，但事情並不常盡如人意。若我們單看事情的結果，必會常常失望。

多年前我加入了一隊義工服務行列。怎料加入不久，義工小組的負責職員就辭退了，所屬機構派出另一位職員負責，他卻對於組內的方向和模式很陌生，小組未能即時繼續運作。那時，我們需要的是一位有能力帶領小組的職員，但至終這並不是答案。組員並沒有放棄，各人因着服侍青少年的熱忱，願意互勉，花了一年時間探索和試驗，重新訂定小組的方向和定位。小組的服務重新展開，我們亦從最初依賴職員的帶領，發展至各人均可獨當一面，這是我們最大的收穫。

你認為，解決困難的最重要目標是什麼？

二．最終只有一個方法？

解決難題時，人們常常努力尋求一致的共識，以達到和平合一的理想。參加者若以不同的方法解決問題時，訓練員常墮進唯一方法的陷阱之中，焦急地把組員引領歸回「正途」，以致組員沒有學到真正的解決問題的技巧，只是按指示而行！

記得在一次培訓中，我觀摩一位訓練員帶領小組的過程，訓練員不斷向組員發問，誓要獲得心目中的答案不可。組員是一班成熟的成年人，嘗試禮貌地和努力地給予回應，但訓練員似乎不太滿意他們的答案，繼續向組員施壓，組員感到挫敗，漸漸失去耐性，開始與訓練員對抗，不再理會他。

你預備好的和計劃好的答案，是否唯一的答案呢？我們真正給予學員空間，是應該由他們發現，而不是我們講授吧？

三・船到橋頭自然直？

所謂「病向淺中醫」，盡早接受治療，切勿容讓病情惡化，也是解決難題的態度。我年少時有一位要好的鄰居，每晚放學回家必在車站等候一起乘車。有一晚我在車站如常見到她，但她對我怒目而視，又不理睬我，把我嚇呆了。我不懂如何面對和回應。從那次起，她再沒有與我説話，我便失去了這位好朋友。現在每每想起此事，都令我耿耿於懷。若有機會給我重組當天的歷史，我會改變自己的「拖字訣」，要抓緊她、面對她，澄清當中的誤會，友情不致無疾而終。

四・真正解決了問題？

在解決難題的壓力下，積極進取的成員為了離開困擾的狀態，會產生解決問題的動力，更推出個人認為可以解決的方案。若多於一位成員提出方案，或過於堅持自己的意見，卻又未能開放討論、尋求共識，便會產生權力鬥爭，出現唯我獨尊、不能融合他人意見的情況。

各人集中處理問題的時候，較容易忽略他人的需要，或做出傷害別人的事，因而令成員感到不受重視和尊重。情感受傷害及忽視之下，很容易令成員自覺沒有參與的機會，輕則默不作聲站在一旁，重則憤怒離開。

所以，解決問題時容易引致關係惡化，特別是存有期望、懷着認真態度和全情投入的羣體，彼此間為保證問題得到解決，很容易堅持個別的方案。由於價值觀及方向的分歧，或過度堅持，不免對其他方案作出異見或批評，因而引起張力和衝突，繼而破壞彼此的關係。

小心提防！難題總有方法處理，但關係破壞了，卻是難於修補！

受教時刻——邁向成長方向

以下介紹的十個解說項目，是要學員反思過程中的發現，提升日後解決難題的能力，故此工作者解說時的提問重點應在於：

重點發問

- 事實：解決難題的過程中，大家做了些什麼？
- 感受：面對難題時，你的心路歷程是怎樣？
- 發現：你如何面對困難？
- 將來：解決問題的能力上，自己仍有什麼地方需要改善？

1 解難方程式

體驗目的	重訪解難的歷程，以整理個人及羣體在解決困難過程中的感受和觀察。

運用步驟

1. 派發解難方程式的工作紙。
2. 各人安靜反思，在解決難題時哪一程式是最深刻的？
3. 記錄後，全組圍圈坐下，逐一展示自己的選擇，輪流分享。

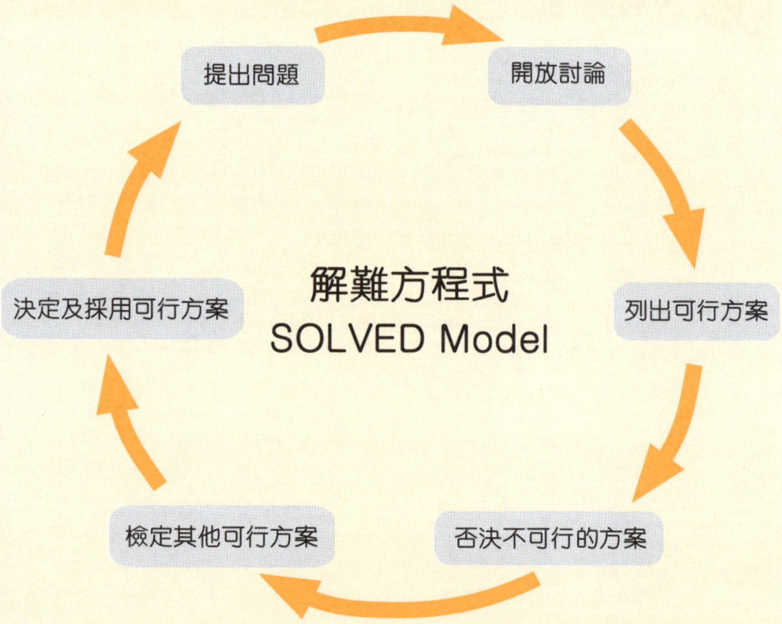

整理經驗

- ♦ 哪一種程式在你解決困難過程中，感到最容易或最困難？
- ♥ 在程式中向前或受阻時，你察覺自己有何反應？
- ♠ 這些關卡對你或小組有何意義？
- ♣ 將來面對難題時，你會如何應付？

走進教室

班主任課 / 通識教育科 / 公民教育課

同學間常出現爭執。解決難題的先決條件是同學能妥善管理情緒。藉解難方程式進行解説，可轉換場景，讓同學稍稍冷靜下來，以另一角度思考問題解決的方案。此活動可於班主任課、通識教育科或公民教育課中應用，而解決難題的技巧也是這些科目所期望訓練的共通能力。

材料：解難方程式圖。

場地： 

時間：30分鐘

2 123 紅綠燈

體驗目的

按紅綠燈的燈號，表達學員在解決困難過程中需要留意的事。

運用步驟

1. 先簡單介紹紅綠燈的燈號代表。
2. 每人派發一張燈號圖。
3. 讓各組員選擇「紅」、「黃」或「綠」燈號來表達他們的觀察。

「紅」是過程中需要停止發生的行為，如：戲弄、胡鬧、不尊重、埋怨等。

「黃」是過程中需要小心處理的事，如：安全、聆聽所有的意見、尊重個人的選擇及界線訂定等。

「綠」是過程中值得欣賞和鼓勵的事項，如：按照目標而行、正面氣氛和暢順等。

整理經驗

♦ 在處理問題的過程中，哪一盞燈號經常亮起？
♥ 哪一盞燈號是你 / 小組表現最大反應？
♠ 燈號的信息對你 / 小組有何提醒？
♣ 這些燈號再亮起時，你 / 小組將會如何回應？

走進教室

班主任課 / 週記或心靈札記

情緒智商高的人能在爭執或衝突時，善於覺察自己的情緒變化，並在適當時候抽離，或停止自己再衝動下去。這個項目可給予同學反思的空間。老師可考慮自製紅綠燈，放在課室的壁報板上，在一些受教時刻中靈活運用。亦可邀請同學在週記或心靈札記中分享對衝突的感受和看法。

材料：紅綠燈圖表。

場地：

時間：30分鐘

3 衝破重圍

體驗目的	穿越呼拉圈 / 繩圈，表達他們在過程中如何解決困難。
運用步驟	1. 全組成員手拖手圍圈。 2. 將呼拉圈 / 繩圈穿在其中一對成員的手之間。 3. 組員逐一穿越呼拉圈 / 繩圈。穿越時分享自己在解決困難過程的觀察和發現。 4. 成員可控制穿越的速度，直至他 / 她輪流分享完他們的觀察和感覺。
整理經驗	♦ 我們是如何穿越這些難題？ ♥ 穿越難題期間，哪些言詞最能表達你的心情？ ♠ 你發現在解決難題時，你個人 / 團隊最能發揮的潛能是…… ♣ 面對難題，可以如何面對？
走進教室	**成長活動、營會** 這項活動適合安排在校內一些較大空間的地方進行，而且最好穿上便服。這項活動需要較多身體接觸，舉行前最好已進行一輪破冰活動。

材料：呼拉圈 / 繩圈。

場地： 

時間：30分鐘

4 若然有「Take 2」

體驗目的

重述故事，讓成員分享解決困難時最深刻的場景。

運用步驟

1. 組員先安靜，閉上眼，讓腦海浮現剛才最深刻的解決困難場景。
2. 若浮現了很多片段，請他們選擇其中一個。
3. 選定後，將打板（clapboard）輪流傳給組員，手持打板的組員分享最深刻的場景。
4. 分享前説：若然有「Take 2」，我會⋯⋯。

整理經驗

- ♦ 你會選擇哪一個片段「Take 2」？
- ♥ 這片段，最打動你的是⋯⋯
- ♠ 若你要為這片段命名，你會定名為⋯⋯
- ♣ 要重新再來一次時，你會如何改寫這片段？

走進教室

班主任課 / 通識教育科 / 課外活動後的經驗檢討會

現今的同學只在感官上經驗了事情，大多都欠缺反思能力，以致難以從經驗中得到新的學習或教訓。「Take 2」打板只是一個象徵物，幫助同學形象化地體會，若真的可以再來一次，整個情況會否不一樣？他們可怎樣改善？整個羣體有什麼可以做得更好？

材料：打板。

場地：

時間：30分鐘

5　足迹重訪

體驗目的	排列腳印，讓成員整理他們在過程中如何解決困難。
運用步驟	1. 先請全組圍圈坐下，把足印膠片放在中央。 2. 請組員回顧，從開始到問題解決所經歷過的深刻片段。 3. 請他們取一片腳印，代表那段深刻片段。 4. 然後全組按照各人所選取的片段，依其發生的次序將足印膠片編排成一趟旅程。 5. 邀請各人逐一分享內容。
整理經驗	♦ 你怎樣形容這段足迹？ ♥ 哪一步的心態最輕鬆 / 沉重？ ♠ 每一步，對你有何意義？ ♣ 下一步，你會⋯⋯
走進教室	**一些長時段活動的過程，如境外交流團、深刻的營會、校慶籌劃** 此活動的重點在於解説整個活動的「過程」，尤其是一些長時段的活動，如：舞蹈比賽、話劇比賽、領袖生計劃等。老師幫助同學們整理過程中所得的經驗，以及當中得到的學習。足印膠片可用顏色紙自行製作，此活動最好安排在校內一些較大空間的地方進行。

材料：塑膠足印 / 足印圖片。

場地： 

時間：30分鐘

6 拼圖顯真像

體驗目的	一起製作拼圖，讓組員整理在過程中如何解決困難。
運用步驟	1. 請全組圍圈坐下。 2. 預先把拼圖碎片分派給組員，每人一片。 3. 請各組員選出在難題解決過程中最深刻的一個片段 / 印象，然後繪畫在拼圖碎片上。 4. 邀請各人逐一分享拼圖碎片的圖畫。 5. 把各人的碎片拼出一完整圖畫。請他們分享這幅拼圖與問題解決過程有何關係。
整理經驗	♦ 注視這拼圖，你最深刻的是……？ ♥ 回望這些，心裏浮現…… ♠ 你發現自己怎樣面對難題？ ♣ 若再面對難題，你會如何應用今天所得的經驗？
走進教室	**開學一兩個月後或學期中段** 老師邀請同學回顧過去遇到的難題，以什麼方法去面對和解決它。老師也可邀請同學為一個「家庭」或「朋友」解決難題處境：先邀請他們寫上或畫出該個處境，然後每人發一片拼圖，一起完成拼圖後再分享自己的解決方案。此活動有助增強結連感，並幫助他們互相合作解決問題。

材料：可繪畫的拼圖、顏色筆。

場地：  

時間：30分鐘

7 難題講場

體驗目的	互相發問，讓成員彼此了解在過程中解決困難的情況。
運用步驟	1. 先預備難題小卡。每人獲派發兩張以上。 2. 兩、三人一組，在 6 分鐘內，輪流抽取對方其中一張小卡，並按卡上的提問發表意見。 3. 5 分鐘後停止發表意見。請各人轉換組員，重複第 2 項。 4. 三個循環後，可邀請每個小組派一位代表分享他們的意見。
整理經驗	♦ 在發問時，哪些題目的答案你知道得最清楚？ ♥ 知道答案時，你感到……（豁默開朗 / 茅塞頓開 / 百感交集 / 不知所措）？ ♠ 這些答案，開啟你哪方面的視野？ ♣ 你會如何運用這些新方案？
走進教室	**成長課 / 通識教育科** 很多時候，同學面對難題都不知從何入手。這是個很好的引導活動，可幫助同學透過解答問題，從而一起去處理。同學可分為四至六人的小組，就班中發生的問題，或在全方位學習的活動中，整理過程中遇上的困難。

材料：難題小卡（參考頁194）。

場地： 

時間：30分鐘

圖 10.1 難題小卡

你怎樣着手處理這難題？	你如何籌劃是次計劃行程？	處理這難題時，你在哪一位置站崗？
當第一個方法試用無效，你覺得怎樣？	你認為哪一部分最困難？	你認為哪一部分最容易？
協助或受助的感覺怎樣？	請具體說明你怎樣協助這次行動。	誰領導你們行動？
我們有特別的策略去應付這困難嗎？這策略是怎樣？	如果你們要再次面對這困難，情況會怎樣？	我們用了多少個方法去解決這困難？
最初面對困難時，有把握去應付嗎？	有沒有信心解決它？	曾否感到這困難不可能解決？
領袖是怎樣出現，帶領處理這難題？	遇到困難時，你有何反應？	此刻，你有什麼想分享？

8 SQ 繩

體驗目的

互相分享及發問，讓組員彼此了解在過程中解決困難的情況。

運用步驟

1. 預先在繩圈上分別打兩個繩結，一個 S 型（八字結）及一個 Q 型（秤人結）。
2. 簡單介紹「S」型結的意思 —— 是述説解決難題時的傑出表現；「Q」型結的意思：是講述其中的疑問。
3. 全組手執繩，圍圈坐下。傳送繩結輪流經過組員，手執繩結時，就由他分享有關「S」/「Q」的經驗。
4. 開始，讓繩結慢慢傳遞給每一位組員。往後，組員可隨意手執着繩結，表達他們的觀察或疑問。

整理經驗

♦ 我們有效處理這個困難時最難忘的片段是……
♥ 遇到難題阻礙時，你們有何反應？
♠ 發現我們各人傑出 / 限制之處……
♣ 如何保持我們的傑出表現？

走進教室

性教育課 / 公民教育課 / 德育課

SQ 繩可形象化幫助同學整理思考。「S」有助觀察，「Q」有助反思，以這兩個角度反復思考，可進深理解問題；其他同學的分享又可提供多角度去理解問題。同學可組成四至六人的小組，大家手拿 SQ 繩圍圈分享。

材料：繩一條長約10米、粗6毫米，至於繩結可參考網上資料。

場地： 

時間：30分鐘

chapter 10

9 十字路段

體驗目的	組員表達心迹，彼此了解在過程中解決困難的情況。
運用步驟	1. 將兩條粗繩以十字形狀擺放在地上，成一座標。十字的頂端為喜歡的解決方案；尾端為不喜歡的解決方案。十字的左端為過去解決方案的經驗；右端為應用於將來的解決方案。 2. 請各組員按自己的情況選擇站立位置。 3. 參加者只有四個選擇： • 喜歡那次的解決方案，站在過去 / 喜歡之空間內； • 不喜歡或但願不曾使用過那次的解決方案，站在過去 / 不喜歡之空間內； • 嘗試在將來使用那次的解決方案，站在將來 / 喜歡之空間內； • 以後不打算使用那次的解決方案，站在將來 / 不喜歡之空間內。 4. 站定後，組員輪流分享對所選位置的看法和因由。
整理經驗	♦ 你選擇站立在喜歡、不喜歡又或中立位置的原因 ♥ 聽完各人的分享，使你感覺到……？ ♠ 集合各人的意見後，你發現這個方案仍有需要修訂之處嗎？ ♣ 下一步，我們的行動是……
走進教室	**學年終 / 大型集體活動後的總結整理時間** 此活動的四格可畫在工作紙上討論及解説，適合在大型集體活動後進行。老師可請同學分小組或抽籤分享。他們可表達過去 / 未來遇上困難時，自己的經驗 / 考慮。

材料：粗繩兩條設成座標（參考圖10.2）。

場地：

時間：30分鐘

圖 10.2 十字路段座標圖

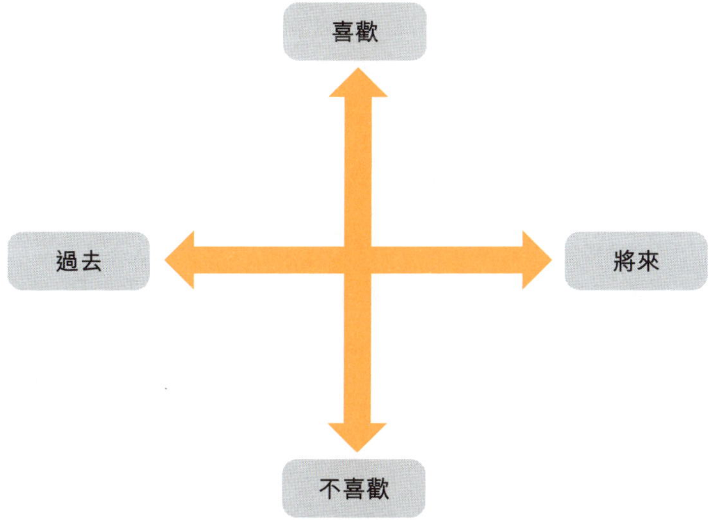

10 立體地圖

體驗目的	重溫過程的片段，讓成員分享如何面對困難，掌握及辨出自己和羣體解決困難的模式。
運用步驟	1. 每人獲派發紙碟一隻及顏色筆一支。 2. 讓成員先安靜 2 分鐘，回想過程中最深刻的一個片段。將片段用簡單的字句或圖案繪畫於紙碟上。 3. 邀請各人逐一分享紙碟上的片段。 4. 最後請他們把所有的紙碟拼湊一起，按過程內容的先後次序排列，拼出他們解決困難的過程，發現彼此之間的結連。
整理經驗	♦ 解決困難的過程，每一步是如何出現？轉捩點在哪裏出現？ ♥ 當意見不同時，大家怎樣回應？ ♠ 這次解決困難的歷程，對我們有何新的啟迪？ ♣ 能解決這個困難，最值得我們慶祝是……
走進教室	**班主任課 / 一些長時段的活動過程，如校際比賽、歷奇營會、大型活動籌劃等** 經過一些深刻活動後，與同學一起回顧當中的歷程，幫助同學澄清及理解面對的問題，沉澱學習。

材料：紙碟及顏色筆。

場地：

時間：30分鐘

經驗回顧——自省行動

「難題解決」給你什麼獨特的信息呢？

1. 在你人生的旅途中，曾經遇到最大的困難是……

2. 當時你的心路歷程是怎樣？

3. 當日的困境，對今天的你有何祝福？

4. 如果再遇到難題時，你會有何反應……

ACHIEVEMENT

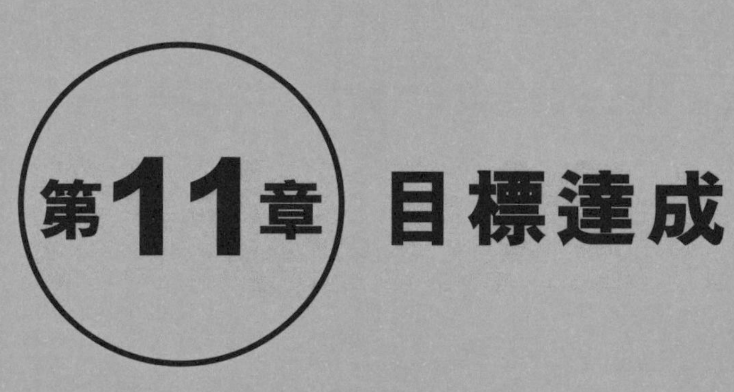

怎樣才算有成就？Apple 前執行長喬布斯？香港首富李嘉誠？中國第一位太空人楊利偉？銀行存款有一億？位高權重？不同的人有不同的答案，你對成就的定義又是什麼？在帶領活動時，又如何引導參加者訂定他們的成功標準？

在我的成長中，也經歷很多慶祝成就的時候，包括領取出世紙（順利出生）、領取畢業證書（學業有成）、收到委任聘書（能力被肯定）、簽署書籍出版合約（專業成果）、工作長期服務獎（效力回報）、獲頒發優秀獎狀（貢獻回饋）等。每次正面的經驗，可累積我們的效能感（personal competence），增加對自我的肯定，推動我們迎向下一個目標，是成長極大的動力來源。可以說，成功的經驗是一個循環系統，好像一個愈滾愈大的雪球，一次的成功經驗將成為下一個成功的基石。對一些自我形象或效能感較低的人，成功的經驗將有助他們洗心革面、脱胎換骨，成為不屈不撓的人。

有些時候，成果或許與目標仍有距離，我們卻可因此調整方向。因此，工作者與組員在活動進行前、過程中及完結後，一起數算所達成的目標就十分重要。

帶領活動時，我們把成就的定義化為目標達成（sense of achievement），拆開為不同的、參加者可達成的小目標，是個人能力所及的、是他們期望的目標，讓他們能享受從成功而來的快樂。目標達成沒有公認的標準，重要是參加者的期望，透過主辦單位的方向及工作者的價值信念而一起訂定的。因此，目標的訂定是結合了參加者的意願而建構出來。

主題概覽

目標達成的意思是經個人/羣體的努力，完成所關注的、預定的標準，是擬訂要達到的工作或計劃標準，及期望達成的最終目的。

目標達成的意義包括：

- 發現參與過程的意義；
- 突破自己，邁向成長；
- 評估自己的能力，調校現實和目標的距離；
- 促進同伴之間的合作；
- 明白自己的需要和期望。

訂定目標原則

1. **宜具體** —— 它可以幫助個人及小組檢視參與程度，有助增強士氣及投入感。
2. **可量度** —— 可量度的指標包括：時間、數量、人次、速度、路程、成效等，增加參加者量度效能感。
3. **可達成** —— 目標達成要有合理的要求，太高容易製造挫敗，太保守又欠缺挑戰性。
4. **有時限** —— 達到目標需要有合適的時限，時限過短容易令人放棄，無限拖延則缺乏挑戰性。

5. **可監察**——目標達成是有進程的，可隨時按參加者的能力或步伐給予監察及修訂進展。

目標達成類別

1. **自我認識**——認識自己的強處和限制、正確界定自我身分等等。
2. **發揮潛能**——個人的強處善加發展，有限之處加以突破。
3. **目標達成**——尋找核心需要和價值等等。
4. **建立信任**——減少人對自己及他人的揣測或懷疑。
5. **促進溝通**——聆聽他人的看法和感受、表達自己等等。
6. **團隊建立**——分工合作、分擔責任等等。
7. **面對挑戰**——增強警覺性，提升對處境的危機意識。
8. **問題解決**——增進面對逆境的能力和技巧、持守堅忍的態度等等。
9. **成功經驗**——肯定過往的努力、累積成功經驗。
10. **承擔責任**——接受新的事物和情境的轉變，清楚自己每一個決定。
11. **培育領袖**——發掘和塑造領袖素質與潛能、關注社羣等等。
12. **歡樂有趣**——釋放壓力、投入活動和願意分享等等。
13. **舒緩情緒**——辨識情緒、管理情緒等等。

以上每點各有仔細的步驟，需要逐步解構，建議大家參閱有關的資料或書籍，以便精準掌握個人 / 羣體成長的要素，以及不同的發展層面。期盼各位工作者能按參加者的步伐訂定目標，並協助他們達成。

整理經驗應從活動一刻開始，建議參加者在程序進行前開始訂定目標，在過程中段整理，完結時再整體回顧。工作者在每一階段都適當地介入，促使參加者投入其中，反省自己的情況，並鼓勵他們在生活中應用。

至於一些長期性的項目，更需要參加者定時檢討目標達成，期間可調節進度，亦可吸納其他參加者的意見，讓他們在愉快和支持的氣氛下完成任務。

問心一句——成功標準是什麼？

一・讚得多，會囂張？

「那裏那裏……何足掛齒呢！」

我們年遠悠長的文化中，謙虛是美德。這樣薰陶之下，讚賞的説話並不容易表達或接受，人漸漸對自己或他人也吝於讚賞。在我的培訓經驗中，工作者對自己或他人通常較少表達讚賞，往往很容易看到挑剔之處，於是即給予建議或指導；提出應該改善之處，卻甚少與人分享自己的優點和專長。

作為帶領活動的工作者，應先行破解這個「美麗的誤會」，在達成目標時即讚賞自己。我記得讀書時，功課壓力沉重，但每次完成一份功課便走到精品店買一張美麗的貼紙，讚賞和肯定自己的努力！別忘記，讚賞是我們給予自己 / 他人肯定和重視的表示。

二．有那麼多值得讚賞的嗎？

「這個都算呀？」

如何恰如其分地讚賞？工作者可引導參加者把此時此刻的情境描述出來，如：「你記得在那個情境做了什麼，令任務可以有效的完成？你可以幫助其他成員記起你們當時的感覺或想法嗎？」

讚賞是要具體的，如：「你是一位盡責的幫手！難得你在各人趕快回家休息的時候，仍不計較自己疲倦，留下來幫手執拾場地！」**具體指出讚賞的行為，可幫助受眾辨別真正的讚賞，以致他 / 她可以延續正面的行為。**

給予讚賞或肯定時，我們不妨與對方互相檢查，如：「你不同意我的看法 / 觀察嗎？」、「你對於自己的改變，有沒有補充？其他人有沒有回應？」

三．未達標，何必讚賞？

「恐怕我現時的狀態……算了吧！」

到底什麼才算是目標達成？目標是否符合參加者的能力？目標達成是否有一定的指標？作為工作者，我們如何訂定或接受參加者已達成目標呢？是否任務完成，才算是目標達成？盡了最大能力去嘗試，可看作是目標達成嗎？

最尷尬的是，工作者本身以目標取向為主，過程中便容易忽視參加者良好的行為，甚至沒有留意不同的參加者有不同的能力，以致參加者未能獲得最大的肯定。

最重要的平衡，取決於工作者的價值觀。我們如何看成敗得失？看的是結果，還是過程所產生的果效呢？對人的行為有何看法？在調節、平衡時，我們可先與受眾一起訂定屬於他們自己的目標，確保合適。

四．目標達成即是要競賽？

「我不跟你鬥，你自己搞啦！」

這類回應顯出很多不滿！我們處理目標達成時要格外留心，避免受眾之間出現個別的競爭，妨礙彼此的信任程度。事實上，**目標達成並不是製造人與人之間的競賽，所達成的目標需要從個人的改變或小組整體的改變而出發。**開始時，工作者要鄭重調校參加者的態度，目標是朝向發現經驗之中可以學到的或改善的地方。

給予讚賞時，我們要平均回應每位參加者或整個小組，就算有獨特的例子可作為學習的材料，都要將之轉變為每一位成員學習的機會。

受教時刻——訂立未來成長的方向

以下介紹的十個解說項目，是協助參加者在過程中肯定自己，累積成功經驗。**建議應用前，先界定何謂成功，或目標達成的標準——成功在於過程中有所付出，以及自己能達到所期望的目標。**工作者解說時的提問重點就可放在：

重點發問

- 事實：你有什麼目標達成了？是如何達成的？
- 感受：當目標達成時，最觸動你的是什麼？
- 發現：你有什麼竅門令今次可以達成目標？
- 將來：有什麼發現是你想繼續發揚光大？

由於目標達成的活動涉及一些較內心的表達，老師若應用以下的解說項目前，最好先與同學訂下「黃金守則」——建立聆聽、尊重、信任和守密的氣氛，避免有些同學感到不安全而不願表達，或過度坦誠分享後才來後悔，故訂定守則十分重要，否則不宜全班同學一起進行。

1 收穫指數

體驗目的	了解參加者及其他組員對目標達成滿意的程度，協助調校。
運用步驟	1. 請參加者安靜 2 分鐘，想想他對自己的滿意或不滿意的程度。 2. 以手指的數目，表示滿意或不滿意的分數。滿意的展示十隻手指，一般的展示五隻，不滿意的不展示。 3. 數三聲後，各組員轉身，一齊展示自己的選擇。 4. 請較滿意的組員先分享，如有相同或近似的，請他們逐一補充及分享各自的獨特處。
整理經驗	♦ 你給予的指數，與你參加前所期望目標相近 / 有距離嗎？ ♥ 這些指數最觸動你的是…… ♠ 你是怎樣達到這指數？ ♣ 要增加指數，還需要加添什麼？
變化	展示自己的選擇後，請相同分數的組員兩人一組或最多三人一組，彼此分享。然後返回大組，每組請一位代表總結他們相同和獨特之處。
走進教室	**大型活動和比賽後** 學校有很多機會讓學生對自己的成績或作品表達滿意程度。派發試卷後，或完成一次班際活動後（例如歌唱比賽、班際籃球比賽），請全班以手號表達感受。可邀請同學統計，也可邀請同學分享。老師也可以這個解説項目來查看同學是否喜歡該個課程 / 活動，明白他們的狀況。這個方法很簡單，不需任何道具，適合小學或初中的同學。

材料：—

場地：

時間：15分鐘

2 七彩冰棒

體驗目的

選擇不同顏色的冰棒，表達過程中的收穫，讓組員了解自己及其他成員達成目標的程度，從而協助調校。

運用步驟

1. 請參加者安靜 2 分鐘，想想自己在過程中的收穫。
2. 請大家隨意選擇不同顏色的冰棒，點算出在過程中的收穫。
3. 選擇後可點算冰棒，代表收穫多少，並以文字或圖畫簡單記錄在冰棒上。
4. 請各人輪流分享自己的收穫。

整理經驗

♦ 你收穫了多少冰棒？那些收穫是什麼？不同的顏色代表了哪些收穫？
♥ 注視着這些收穫，箇中的滋味是……？
♠ 這些收穫足夠嗎？與你有什麼關係？
♣ 你會怎樣與其他人分享你的成果？分享哪些內容？

變化

展示自己的選擇後，請參加者與相同冰棒數量的組員一組（最多三人一組），彼此分享。然後返回大組中，每組請一位代表總結他們相同和獨特之處。

走進教室

大型活動和比賽後
與上一個項目相同。在學校一些大型活動和比賽後，也可以請各同學兩人一組互相分享成果，但兩人之間要有基本的信任和尊重，否則會有反效果，或不會將真正感受表達出來。也可考慮先寫在紙上，然後再自行找一位夥伴分享。

材料：冰棒、筆。

場地： 

時間：15分鐘

3 水果大拼盆

體驗目的	以不同的水果來形容及整理自己在過程中的收穫。
運用步驟	1. 預備不同的水果圖片或實物。 2. 請參加者安靜 2 分鐘，想想自己今天的成果。 3. 請他們選擇最貼切形容今天成果的五種水果。 4. 請他們輪流分享當中的含意。 5. 之後，一起舉「果」慶祝享用。
整理經驗	♦ 你選擇的五種水果是⋯⋯，代表你的收穫是⋯⋯？ ♥ 五種水果之中，最能代表我心中的味道是⋯⋯？ ♠ 你如何排列它們的先後次序？ ♣ 要與他人分享時，你會選擇哪個水果？為什麼？
走進教室	**成長課 / 班主任課** 這項活動適合小學生或初中生，尤其在成長課或班主任課中使用，來表達自己的成就或性格特質。老師還可加插一些問題： 1. 你是一個怎樣的生果？新鮮？有部分腐爛？有一個小孔？（以此觀察學生對自己的成就、處境、自我形像的看法） 2. 你會給這個生果多少價值？它值多少錢？（以此觀察學生對自己價值的肯定程度）

材料：不同類型的水果或圖片。

場地：

時間：20分鐘

圖 11.1 水果圖

蘋果	火龍果	柑	車厘子
草莓	檸檬	橙	西柚
奇異果	梨	楊桃	青提子
紅提子	哈密瓜	西瓜	牛油果
芒果	香蕉	木瓜	菠蘿
榴槤	紅毛丹	桃	柿

4 十大傑出事件選舉

體驗目的

預先讓參加者選出十件傑出事件，鼓勵他們發掘個人 / 小組在過程中值得欣賞和表揚的事、行為或表現。

運用步驟

1. 分派小卡、紙筆。請組員在紙上列出十件傑出事件。
2. 然後把事件排序。
3. 輪流邀請組員分享十件傑出事件。
4. 最後，選出組內最多票數的事件，讓組員一起總結有關經驗。

整理經驗

♦ 列出的十件傑出事件是……

♥ 你最感自豪的是……

♠ 當公選結果出現時，你對結果有何看法？

♣ 如何將你的優秀延展於你的人生旅程中？

走進教室

學期終活動 / 週會

在每年學期終，利用這項解說活動總結同學在校內的不同事件，找尋一些值得欣賞和表揚的事件。例如：同學入了醫院，全班做了份小禮物給他；某同學常默默地執拾課室、擦黑板；某同學為全班做了精美的座位表等等。若推廣到全級或全校進行，可另於週會內提倡欣賞信息。

材料：小卡、紙筆。

場地：

時間：30分鐘

5 My Super Rope

體驗目的	以繩結作為學員達成目標的記號，成為數點結果的印記。
運用步驟	1. 每位參加者獲派發一條幼繩。 2. 請他們在5分鐘內打繩結。每個繩結代表他們達成了一個目標。 3. 若達成的是一個大目標，可打個大結。 4. 請他們輪流分享。
整理經驗	♦ 這些繩結在你的生命中，多了一些什麼的記號？ ♥ 望着手上的繩結，你心底最想講的一句説話是什麼？ ♠ 每打一個繩結時，你發現自己有什麼增加了？ ♣ 你手上的繩結為你未來的人生帶來怎樣的鼓勵？
變化	如時間充足，可先教導一些基本繩結製作，以展示不同的意義。
走進教室	**班主任課 / 生活技巧課 / 學期終活動 / 學生個人檔案** 可把 Super Rope 製作成為班房掛飾之一；也可將 My Super Rope 黏在紙上，成為每個學生的個人檔案（portfolio）。

材料：彩色幼繩。

場地： 

時間：30分鐘

chapter 11

6 踏步青雲路

體驗目的

透過踏步青雲路，讓參加者整理自己的進展。

運用步驟

1. 場地佈置：兩條間線，一條作為起點，另一條作為青雲路（終點）（頁 215）。
2. 讓組員按自己的成功進度，散佈於兩條界線之間。
3. 站定後，由最接近青雲路的組員先分享，並向他們致賀。
4. 分享內容：在活動前及現在的轉變；今天的成功對他 / 她有何意義；還有什麼要超越？
5. 盡可能邀請每一位組員，逐一分享他們的境況，以建立互相肯定和支持的氣氛。

整理經驗

♦ 你站立的位置，代表了已達致……

♥ 站在這裏，心底浮現喜、怒、哀、樂中哪些面譜？

♠ 能站在這裏，看見自己的進展是……

♣ 再上一層樓，我必須……？

走進教室

年中活動 / 週記 / 心靈札記

與 My Super Rope 概念相約，假如礙於人手及場地較難實行，可將概念轉為工作紙，或作為週記 / 心靈札記的一頁。此活動可作為學期中及年終的總結，檢視自己在學習或不同生活層面的目標是否達成。

材料：粗繩兩條，長約5米、粗約6厘米，或兩條顏色鮮艷的牛皮膠布。

場地：  

時間：30分鐘

圖 11.2 踏步青雲路場內佈置

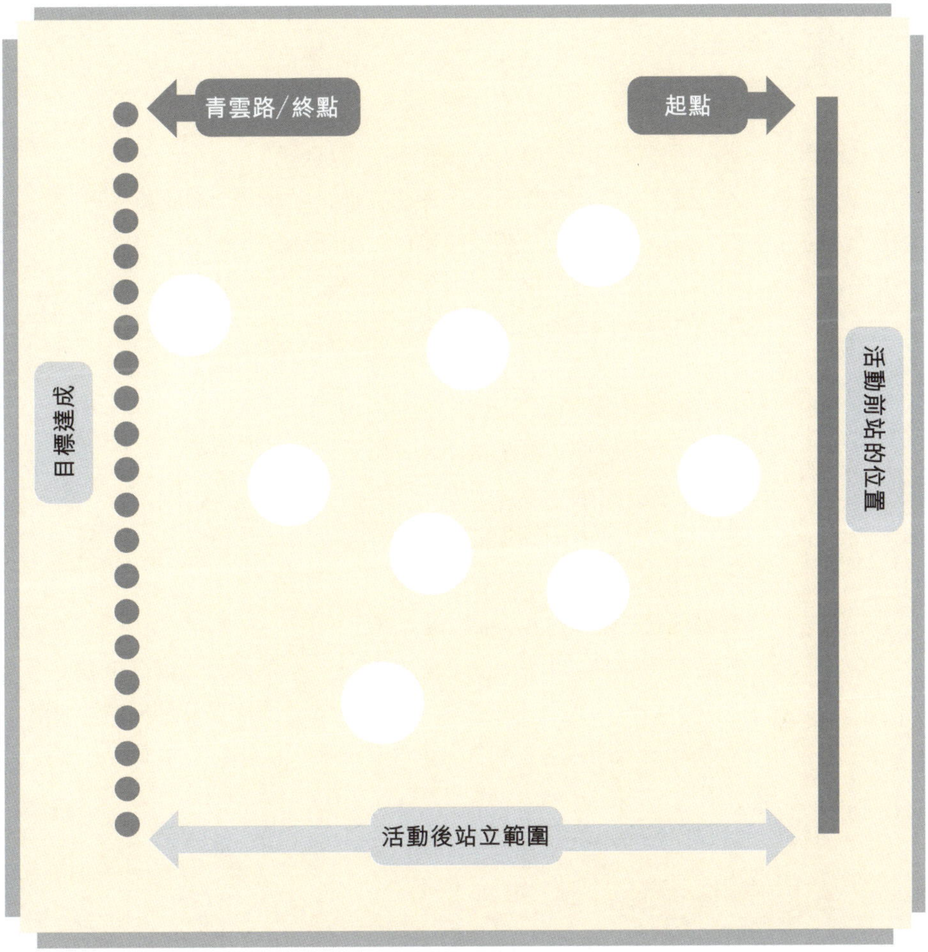

青雲路／終點

起點

目標達成

活動前站的位置

活動後站立範圍

7 三格菲林

體驗目的

以三格菲林，記錄過程中最深刻的成功片段，幫助延續學習。

運用步驟

1. 預先準備顏色筆。分派三格菲林紙。
2. 讓組員先安靜 2 分鐘，回想在過程中最深刻的成功經驗。
3. 將最深刻的成功經驗繪畫於三格菲林紙上。
4. 完成後將作品展示，大家互相參觀。
5. 再輪流分享作品的表徵及意思。

整理經驗

♦ 分享三張菲林的內容……
♥ 三張菲林中，哪張是你最深感受？那感受是……
♠ 哪一張對你最重要？你如何評價自己這三張菲林？
♣ 還有其他鏡頭想加進去嗎？

走進教室

饑饉午餐 / 辯論比賽 / 紙飛機大賽

此活動可讓參加者捕捉學校曾籌辦的一些活動，如饑饉午餐、辯論比賽、紙飛機大賽，以圖畫或圖案形式表達同學感到成功的經驗。可考慮把表達較完整和豐富的菲林展出，成為班房主題的一部分。

材料：三格菲林紙（參考頁217）、顏色筆。

場地：

時間：30分鐘

圖 11.3 三格菲林紙

8 我的金像獎

體驗目的	金像獎是肯定電影界成就的獎項。製作金像獎可幫助學員整理自己成功經驗的過程，以助日後延續學習。
運用步驟	1. 預先準備不同顏色的泥膠及顏色筆。 2. 讓組員先安靜 2 分鐘，回想自己在活動過程中的成功之處。 3. 用泥膠製作一件雕塑，以記念他們值得獎勵之處。 4. 完成後，將作品陳列於當眼處，讓眾人互相參觀。 5. 再由各人輪流分享其作品的表徵及意思。
整理經驗	♦ 這個獎項代表了什麼成就？ ♥ 獲取獎項後，最感驕傲的是…… ♠ 獲取獎項後，你發現自己多了哪些素質？ ♣ 下一個目標獎項是什麼？
走進教室	**美術科** 配合學校美術科製作此金像獎，讓學生以雕塑形式總結對一整年的感受。注意這項目的重點在於鼓勵學生在校園生活小事件中尋求成就感，雕塑技巧不是最重要的。老師亦可鼓勵同學以文字說明金像獎背後的意義。

材料：各種顏色的泥膠、平滑的卡紙/舊海報紙、顏色筆（粉彩、水筆）、長枱（擺放製成品）。

場地：

時間：45分鐘

9 輝煌告示角

體驗目的	透過告示角，張貼個人 / 小組在過程中的成功經驗，延續學習。
運用步驟	1. 於場地預先擺放白板 / 壁報板 / 海報紙。 2. 讓組員自行尋找屬於自己的空間 / 角落，或由工作者分配，條件是可專心製作的地方。 3. 讓組員有足夠的安靜時間，將自己發現的成功之處，記在自己的空間上。 4. 可隨意使用文字、圖案、符號等作記錄。 5. 完成後，讓各人互相參觀，分享作品。 6. 再由各人輪流分享其輝煌成果的內容。
整理經驗	♦ 你的告示角所顯示的圖案 / 圖片代表什麼？ ♥ 當你展示你的告示角時，有何感覺？ ♠ 在你發現的成功之處中，有什麼能支持你將來做得更好？ ♣ 明天，你希望告示角內多了一些什麼？
變化	• 若活動期間是連續幾天或長期的，可在每次聚會結束時，請各人整理該次聚會的經驗，把進程和改變記錄在自己的告示角內。 • 整理小組進度時亦可應用。由全組成員共同參與、貢獻和製作，讓組員了解小組的發展進程，可澄清誤會、訂定未來計劃等。 • 可預先在場地掛上一條晾曬繩，旁邊預備小卡和一盒衣夾，讓各人將告示夾在晾曬繩上。 • 可拾起郊野的枯木，紮起為十字架或支撐架，旁邊預備幼繩或黏貼膠，以便掛上告示。

走進教室

學校壁佈板

學生可在校園中，參與環境的創造，有助學校建立抗逆力文化。輝煌告示角可放在學校當眼的壁佈板上，肯定學生在非學術上的成就。

材料：大海報紙、顏色筆、圖片、膠水、黏貼膠。

場地： 

時間：30分鐘

10 旗幟飄揚

體驗目的	小組的旗幟是標誌羣體的特色。組員一起製作旗幟，可總結過程中的成功經驗，並延續學習。
運用步驟	1. 讓組員有足夠的安靜時間，討論該受表揚的事件及性質。 2. 利用材料製造一支個人 / 小組獲頒發的旗幟。 3. 完成後，互相參觀，分享作品。 4. 再由各人輪流分享其輝煌成果的內容。 5. 最後各人繞場一周，接受在場人士的恭賀及分享喜悅。
整理經驗	♦ 旗幟上，哪個圖案是你覺得最重要？原因是…… ♥ 能成為團隊的一員，你領會的感受是…… ♠ 你們具備什麼條件，以致能夠揮舞這支有輝煌成果內容的旗幟？ ♣ 如果再有機會，你們希望這支旗幟可加上什麼圖案？
變化	可製作為皇冠、權杖、王座、獎牌、獎座等等。
走進教室	**陸運會 / 社際活動** 在學校水運會、陸運會或社際活動中，鼓勵同學製作班旗、社旗，藉此表現該羣體的正面特色。此項目能增強歸屬感。

物資：大白布 / 大白紙、小竹枝、剪刀、膠水、膠紙、顏色筆等。

場地：

時間：45分鐘

經驗回顧——自省行動

「目標達成」對你有些什麼獨特的信息呢？

1. 在你生命中，哪個目標達成了，令你現時仍然回味無窮？

2. 今天，你有何目標仍然在努力中？

3. 你每次達成目標後會如何慶祝？

4. 你的下一個目標是……

第12章 解說個案

CASE STUDY

很多解說工作者發現，解說不單在活動後單次進行。有些時候在活動的前、中、後也有機會解說，而且也可以應用在個人面談方面，幫助青少年明白已經發生的事情及了解自己的狀態。這一章特意舉了兩個例子，其一是一個貫串的活動及活動解說。另一個個案是與學員一同整理他在工作上遇到困難的情況。希望這些活動引起舉一反三的作用，引發大家更多思考，也具體懂得如何運作，帶領學員有更多有素質的學習。

過程中解說

活動解說個案

學生：24 位中二學生（分四個小組，每組兩位組長帶領活動及解說）

活動：蛋哥歷險記

目標：

1. 學生與蛋哥一起參與活動，與蛋哥建立連繫感，從而與自己建立自我結連；
2. 提升學生的團隊合作、問題解決及溝通能力，發揮創意。

圖 12.1 蛋哥歷險記

小組每個人將自己的名字寫在雞蛋上。

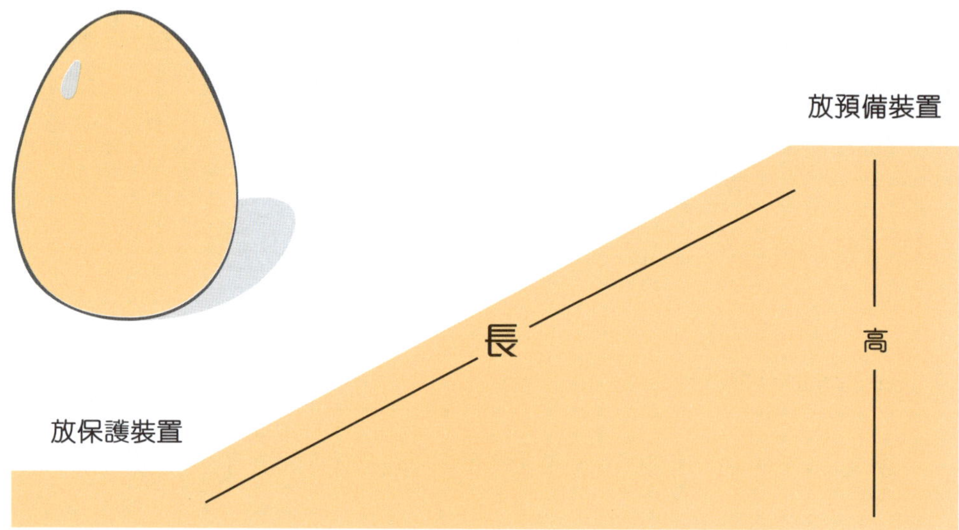

	活動流程	不同部分重點
1	**進入狀態（5分鐘）** 溫度計：每個人以溫度計的溫度表達自己的狀態，並以手擺出不同的高度。	• 了解他們的狀況 • 適當地調整活動的難度及挑戰
2	**簡介（Briefing）（10分鐘）** 1. 問題解決四步曲：問、想、選、做； 2. 每組一個雞蛋，學生將自己的「蛋哥」名字寫在雞蛋上； 3. 任務：小組用大會提供的物資：報紙、膠紙做一道滑梯，高度20cm，蛋哥可以安全從滑梯上滑下來； 4. 給學生5分鐘時間討論，需強調討論時間內不能製作滑梯，用問、想、選、做四步曲進行討論。	**運用「問想選做——蛋哥歷險記」工作紙（頁228）** **簡介要點：** • 提供活動資料 • 提示整體安全 • 設定活動目標 • 與學員建契約 • 催化學員參與
3	**帶領（Leading）（30分鐘）** • 25分鐘完成，可以按情況有5分鐘「恩典時間」； • 最後，展示並拍照。	**帶領要點：** • 開放與組員溝通 • 活動中不斷評估 • 為學員提供選擇 • 適當的調整挑戰 • 需要時處理衝突 展示作品，也是解說的一部分，可促進他們回顧整個歷程。
4	**解說（Debriefing）（20分鐘）** **小組分享** 1. 剛才的過程，最讓你印象深刻的是？（Fact）此刻你的感受是什麼？滿足、開心、內疚、成功感……（Feelings） 2. 滑梯的點子是如何產生的？成功的重要因素是什麼？要克服什麼困難？當中需要什麼技能？（Fact） 3. 你最大的收穫是什麼？你最欣賞自己的是什麼？你覺得需要改進的是哪方面？你最欣賞團隊的是什麼？（Finding） 4. 剛才「蛋哥」歷險的過程使你聯想到現實生活中的什麼經歷？有什麼啟發？（Future）	**解說要點：** • 善用不同觀察 • 回顧整個歷程 • 開放發問問題 • 善用追問轉化 • 不強加自己意見 • 注意活動進程 • 把握生活應用 **解說注意事項：** 1. 雞蛋上有名字，但不用太強調生命，如果雞蛋碎了可以表達生死的意義：從生命中會有挫折與挑戰方向去解說； 2. 「蛋哥」雖然經歷了很多困難，但是在經歷當中更加認識自己。

圖 12.2 問想選做 —— 蛋哥歷險記

小組：________________

問	如何保護雞蛋安全滑落？			
問＋想	**預備裝置：** 如何讓雞蛋固定在預備裝置中？ 怎樣支撐預備裝置？ 其他：	**滑道：** 怎樣保護雞蛋不會滑出滑道？ 滑道需要多寬，多長，用多少材料？ 如何與預備裝置和保護裝置連接？ 其他：	**支架：** 需要多少個支架？ 固定在什麼位置？ 如何與滑道連接？ 如何與預備裝置連接？ 如何固定在地面？	**保護裝置：** 如何能夠接住雞蛋並且保護雞蛋不碎？ 如何保護雞蛋不會滑出裝置？ 其他：
選	設計圖			

做		物資分配	分工
	預備裝置		
	滑道		
	支架		
	保護裝置		

個人及羣體解說個案

除了活動後需要解說外，有的時候，遇到突發的事情，也隨時可以是「受教時刻」，轉化成學習的寶貴機會。筆者過往的工作中，與不同的青少年有過不同的解說片段，以下片段，相信很多工作者也常常遇上有些時候，我們真的不知道這些青年人在想什麼，但是慢慢聽來，才發現原來他們有自己一套思考模式，通過有空間的解說時間，很多重要的、有價值的交流在此發生。

個案分享

我以前擔任「師徒創路學堂」導師，記得一位課程學員亞昕，外表像一般青少年，常擺出一副愛理不理的樣子；但當委以重任，而任務有足夠的挑戰性和符合他興趣時，他就會很用心的去計劃。

他在一大型屋苑負責園藝及屋宇管理工作，他的師傅交給他一項任務是做一本「冊子」放在屋苑的休憩亭中，作佈置，也供人觀賞，時限是兩星期。他思前想後，很想做好這冊子，四周搜集資料，但自己其實沒有經驗，也不知怎樣切合師傅的期望。他在不敢、也不知怎去問師傅的情況下，結果拖延了兩個月才交出作品，惹來師傅強烈不滿。

平日生活中有不少極佳的素材，可作為在教學上的「受教時刻」（Teachable Moment），幫助自己或學生理解過程中的一些寶貴的教訓，對人生的一些頓悟。以上事件亦是極佳的「受教時刻」，幫助學員理解這個失敗經驗，導師在過程中用了很多時間與他作解說，和他反思逃避面對師傅的過程和感受，也引導他按部就班將計劃完成（詳細參看頁 231）。作為學員的責任是在時限前，完成合乎水準的冊子，過程中遇有困難應主動提問，但他卻因種種原因，未有向師傅交代及嘗試處理問題，以致未能準時完成任務。

記得學堂的結業禮前，各同學均安排負責不同工作任務。亞昕是班會主席，負責協調同學的進度，他尷尬的帶着負責結業刊物的同學見導師，説出若按照之前的構思和方法，預定日期前不能完成。我們很欣慰他學習了寶貴的一課，懂得提出困難，也與我們商討解決的辦法。「經一事，長一智」，看見他從失敗經驗中汲取教訓，願意作個更有責任感的人，也是令我們感到欣喜的。

圖 12.3 「4F」解話小貼士

以下一些「4F」解說小貼士，用問題幫助學生深化所面對的經驗，導師在過程中儘量多聆聽，多正面鼓勵及表達支持。

	個人事件解說	羣體事件解說
	處境：亞昕拖延交「手冊」事件。	處境：一班中學生在辦年宵攤位過程中，因種種原因以致部分貨品遺失，最後整體蝕了很多錢，但大家也深深覺得上了寶貴的一課。
事實 Fact	• 期望你哪個日期交？ • 最後你哪個日期交？ • 過程中你做過什麼？ • 你做了完成什麼事補救？ • 師傅有什麼反應？ • 你見到師傅有什麼反應？	• 過程中發生了什麼事？ • 過程怎樣發生？ • 貨品遺失時大家在做什麼？ • 有哪些人參與其中？ • 大家做了什麼事補救？ • 有哪些人說了哪些話令你印象深刻？ • 過程中大家有什麼觀察？
感受 Feeling	• 你在事情的「前」、「中」、「後」期的感受有何不同？ • 哪段時間最不開心？ • 最不開心的程度是怎樣？	• 現在各人感受如何？ • 負責看守物品的同學感受如何？ • 其他人對遺失物品一事有何感受？ • 哪段時間最不開心？ • 有沒有人的感受被忽略？
發現 Finding	• 你的學習和體會到什麼？ • 從自己的處事方式中，你發現自己屬於哪一類人？你喜歡自己是這種人嗎？ • 你對自己性格方面有何發現？ • 這件事令你對自己的能力有何評價？	• 你在當中有什麼學習和體會？ • 從不同人的合作和處事模式中，你發現自己屬於哪一類人？ • 誰人令你最欣賞？ • 誰人令你最厭煩？為何？ • 你對自己性格方面有何發現？ • 這件事令你對自己的能力有何評價？
將來 Future	• 若再來一次，你的處理方法有何不同？這件事令你在面對工作挑戰有何影響？經過今次的事後，你在哪方面要改善自己？ • 這件事對你在面對學業或家庭方面有何影響呢？	• 若再來一次，你的處理方法有何不同？這件事令你待人處事方面有何影響？經過今次的事後，你在哪方面要改善自己？ • 這件事對你在面對學業或家庭方面有何影響呢？

在挫敗經驗中，若青少年工作者能幫助他們轉化經驗，他們將更能在失敗中重新振作，作個更負責任的人。要發展及培育青少年的責任感，是細水長流的工作，生命影響生命，就讓我們先做起！

原載：廉政公署《拓思》第 44 期：責任與承擔（2005 年 1 月）。

參考書目

- 科麥克著、陸秀雲譯（1991），《團隊精神》。香港：福音證主協會。
- 林孟平（1993），《小組輔導與心理治療》（第五版）。香港：商務印書館。
- 張老師（1999），《心中的自畫像 —— 如何認識自我》。台北：揚智文化事業。
- 鄭佩芬編著（2000），《人際關係與溝通技巧》。台北：揚智文化事業。
- 史考特派瑞斯、琳達愛爾絲著、林心茹譯（2000），《培養反思力》。台北：遠流出版事業股份有限公司。
- 蔡炳綱、吳漢明（2001），《72 個體驗活動 —— 理論與實踐》。香港：匯智出版有限公司。
- 唐納德 C 帕爾默著、何敏璇、石彩燕譯（2001），《創意處理衝突》。香港：基道出版社。
- 詹姆士杭特著、張沛文譯（2001），《僕人 —— 修道院的領導啟示錄》。台北：商周出版。
- 李永年（2002），《香港青少年問題 —— 廿一世紀初的現象、剖析與對策》。香港：香港大學出版社。
- 梁永泰（2003），《新領袖 DNA》（第二版）。香港：突破出版社。
- 蔡元雲等著（2004），《炮製少年不倒翁 —— 家校抗逆手冊》（第二版）。香港：突破出版社。
- 布雷恩麥考米克、大衛戴文波著、葛窈君譯（2004），《牧羊人領導 —— 聖經詩篇中的領導智慧》。台北：啟示出版。
- 校園團契飛颺教師組著（2004），《飛颺人際有藍天 —— 探索教育的魅力》。新北：校園書房出版社。
- 梁永泰、鄭曉峰、葉陳慕靈（2005），《溝通無疆界》。香港：突破出版社。
- 李德誠、麥淑華（2005），《整全的歷奇輔導》（第二版）。香港：突破出版社。
- 區祥江（2008），《生命軌迹 —— 13 個助人自助的成長關鍵》（增訂版）。香港：突破出版社。
- Beard, Colin, & Wilson, John P. (2002). *The Power of Experiential Learning: A handbook for trainers and educators*. U.K.: Kogan Page Ltd.
- Cain, J., Cummings, M., & Stanchield, J. (2005). *A Teachable Moment: A facilitator's guide to activities for processing, debriefing, reviewing, and reflection*. U.S.A.: Kendall / Hunt Publishing Company.
- Gardner, John (1989). *On Leadership*. New York: Free Press.
- Greenaway, Roger (1990). *More Than Activities*. U.K.: The Save the Children Fund.

- Greenaway, Roger (1993). *Playback: A guide to reviewing activities*. U.K.: The Duke of Edinburgh's Award Published in association with Endeavour Scotland.
- Greenaway, Roger (1996). *Reviewing Adventures: Why and how?* U.K.: An NAOE Publication.
- Henton, Mary (1996). *Adventure in the Classroom: Using adventure to strengthen learning and build a community of life-long learners*. U.S.A.: Kendall/Hunt Publishing Company.
- Heron, John (1999). *The Complete Facilitator's Handbook*. U.K.: Kogan Page Ltd.
- Hogan, Christine (2003). *Practical Facilitation: A toolkit of techniques*. U.K.: Kogan Page Ltd.
- Hunter, D., Bailey, A., & Taylor, Bill (1995). *The Art of Facilitation: How to create group synergy*. Cambridge, MA: Fisher Books.
- Hunter, D., Bailey, A., & Taylor, Bill (1995). *The Zen of Groups: A handbook for people meeting with a purpose*. Tucson, Arizona: Fisher Books.
- Jones, Alanna (1999). *Team-Building Activities For Every Group*. U.S.A.: Rec Room Publishing.
- Knapp, Clifford E. (1992). *Lasting Lessons: A teacher's guide to reflecting on experience*. U.S.A.: Clearinghouse on Rural Education and Small Schools. pp.16-18.(中譯本：謝智謀、王怡婷譯（2003），《體驗教育：帶領內省指導手冊》。台北：幼獅文化。)
- Lucker, John L., & Nadle, Reldons S. (1992). *Processing The Experience: Strategies to enhance and generalize learning*. U.S.A.: Kendall / Hunt Publishing Company.
- Palmer, Parker J. (1993). *To Know as We Are Known: Education as a spiritual journey*. U.S.A.: Harper San Francisco.
- Palmer, Parker J. (1998). *The Courage to Teach: Exploring the inner landscape of a teacher's life*. U.S.A.: Jossey-Bass Inc.
- Priest, S., Gass, Michael A., & Gillis, L. (2000). *Essential Elements of Facilitation: Skills for enhancing client learning & change*. U.S.A.: TARRAK Technologies.
- Priest, S., & Gass, Michael A. (1999). *Effective Leadership in Adventure Programming*. U.S.A.: Human Kinetics Publishers.
- Roebuck, Chris (1999). *Effective Leadership: The essential guide to thinking and working smarter*. London: Marshall Publishing Ltd.
- Schoel, J., & Maizell, R. (2002). *Exploring Islands of Healing: New perspectives on adventure based counseling*. U.S.A.: Project Adventure, Inc.

- Schoel, J., Prouty, D., & Radcliffe, P.（1988）. *Islands of Healing: A guide to adventure based counseling*. U.S.A.: Kendall/Hunt Publishing Company.
- Scholtes, Peter R.（1988）. *The Team Handbook: How to use teams to improve quality*. Madison, WI: Joiner Associates Inc.
- Sugerman, Deborah A., Doherty, Kathryn L., Garvey, Daniel E., & Gass, Michael A.（1999）. *Reflective Learning: Theory and practice*. U.S.A.: Kendall/Hunt Publishing Company.
- Tuckman, B., & Jensen, M.（1997）. Stages in Small Group Development Revisited, in *Group and Organizational Studies, 2,（4）*. pp.419-427.
- Wilkes, C. Gene（1998）. *Jesus On Leadership*. U.S.A.: Tyndale House Publishers.

參考網站

- David A. Kolb 高大衛網站（http://www.infed.org/biblio/b-explrn.htm）
- International Association of Facilitators 網站（http://www.iaf-world.org）
- Merriam-Webster Online Dictionary 網站（http://www.m-w.com）
- SOON eNewsletter, Innovative Resources 網站（http://www.innovativeresources.org）
- The Active Reviewing Guide 網站（http://reviewing.co.uk/）
- Training Wheels 網站（http://www.training-wheels.com/）
- Wilderdom 網站（http://www.wilderdom.com/）

延伸閱讀

- 鄧淑英、梁裕宏等（2008），《創路達人の從零開始》。香港：突破出版社。
- 區祥江（2008），《啟動羣體生命力——小組訓練 10 課》。香港：突破出版社。
- 鄧淑英、黃嘉儀等（2010），《玩創未來》。香港：突破出版社。
- 蔡元雲（2011），《敢夢想飛——Young life 召命導航手冊》（增訂版）。香港：突破出版社。
- 師徒創路學堂師生（2013），《折翼孩子能飛》。香港：突破出版社。
- 李德誠（2015），《生命的超越——歷奇輔導的再思》。香港：突破出版社。
- 區祥江、周偉豪、區穎珩（2015），《改寫未來的 9 種生存力》。香港：突破出版社。

項目及工作紙索引

第6章　自我發現 項目	頁	工作紙	頁	適用場合
變幻天氣圖	79	天氣訊號圖像	80	成長課 / 班主任課
稱讚不停	81	稱讚不停形容詞	82	學期中 / 學期終
大自然雕塑	83	—		成長課 / 班主任課
我的Ryan	85	—		通識課/班主任課/成長課
我的寶貝瓶	87	—		學期中/學期終的班主任課
心靈札記	88	心靈札記工作紙	89	週記 / 反思時段
自覺輪	90	自覺輪工作紙	91	週記 / 反思時段 / 公民教育活動之後
沉思漫步	92	—		德育課 / 通識課
心情指數	93	心情指數座標圖	94	成長課 / 德育課 / 集體活動
人生最後的24小時	95	—		成長營會/領袖生訓練計劃

第8章　團隊建立

項目	頁	工作紙	頁	適用場合
團隊你・我・他	135	—		班主任課／球隊／大哥哥大姐姐計劃／領袖生訓練計劃等活動
團隊優秀展	136	—		通識教育科／公民教育科
百節各按各職	137	身體不同部位圖	138	球隊/大哥哥大姐姐計劃/領袖生訓練計劃等活動
我們的掌印	139	—		學生會團隊／劇團／辯論隊等營會中
團隊造型	140	—		成長營／領袖訓練營會
VIP到訪	141	—		班主任課／公民教育科
團隊要素	142	團隊要素小卡	143	通識課／公民教育科
團隊業績	144	團隊業績量表	145	班主任課／通識課
團隊拼湊圖	146	—		領袖訓練營會活動
5分鐘剪影	147	—		戶外全方位學習

第9章　有效溝通

項目	頁	工作紙	頁	適用場合
Q版襟章	158	—		成長活動
立志宣言	159	立志卡	160	領袖生/大哥哥大姐姐計劃等活動
傳情信封	161	—		成長活動／營會
我是誰？	162	角色卡	163	成長課／公民教育活動
背後支持你	164	—		成長活動／營會
四季景致	165	四季景致圖	166	班會時段／班主任時間
分享摩天輪	167	分享項目	168	大型集體經驗活動後
人際溝通盒	169	—		班會時段／班主任時間
我的小時候	170	記得小時候Bingo紙	171	成長課／德育課／班會時段
鏡子Q&A	172	鏡子Q&A工作紙	173	通識課／成長課／德育課

第10章　難題解決 項目	頁	工作紙	頁	適用場合
解難方程式	186	—		班主任課／通識教育科／公民教育課
123紅綠燈	188	—		班主任課／週記或心靈札記
衝破重圍	189	—		成長活動、營會
若然有「Take 2」	190	—		班主任課／通識教育科／課外活動後的經驗檢討會
足迹重訪	191	—		一些長時段活動的過程，如境外交流團、深刻的營會、校慶籌劃
拼圖顯真像	192	—		開學一兩個月後或學期中段
難題講場	193	難題小卡	194	成長課／通識教育科
SQ繩	195	—		性教育課／公民教育課/德育課
十字路段	196	十字路段座標圖	197	學年終／大型集體活動後的總結整理時間
立體地圖	198	—		班主任課/一些長時段的活動過程，如校際比賽、歷奇營會、大型活動籌劃等

第11章 目標達成 項目	頁	工作紙	頁	適用場合
收穫指數	208	—		大型活動和比賽後
七彩冰棒	209	—		大型活動和比賽後
水果大拼盆	210	水果圖	211	成長課 / 班主任課
十大傑出事件選舉	212	—		學期終活動 / 週會
My Super Rope	213	—		班主任課/生活技巧課/學期終活動/學生個人檔案
踏步青雲路	214	踏步青雲路場內佈置	215	年中活動 / 週記 / 心靈札記
三格菲林	216	三格菲林紙	217	饑饉午餐 / 辯論比賽 / 紙飛機大賽
我的金像獎	218	—		美術科
輝煌告示角	219	—		學校壁佈板
旗幟飄揚	221	—		陸運會 / 社際活動